''लव & लाइफ''

''लव &लाइफ''

इरशाद अली

''लव & लाइफ''

ISBN: 978-81-7835-987-8

मूल्य : 195/-

भारत में सन् २०१३ में प्रकाशित

कल्पाज़ पब्लिकेशन्स,

सी—३०, सत्यवती नगर,

दिल्ली — ११००५२

Phone : 9212142040

ई—मेल : kalpaz@hotmail.com

टंकण कार्य: अवधेश कम्प्यूटर्स, दिल्ली

मुद्रित: जी. प्रिंट प्रोसैस, दिल्ली

बहुत सम्मान और प्यार के साथ

मेरे

सभी साथियों

को

समर्पित

विषय सूची

भूमिका	1
आभार	3
परिचय	5
क्या है प्यार	9
प्यार की शुरुआत	38
प्यार का इजहार	51
प्यार और नफरत पर जॉर्ज कार्लिन के विचार	54
शादी और प्यार	60
प्यार का दायरा निर्धारित करना मुश्किल	97
प्यार और वैलेंटाइन डे	107
जीवन साथी को लेकर पसन्द	123
ऑनर किलिंग आखिर क्यों?	126
एक अलग दास्तान	137

भूमिका

सच्चा प्यार प्रत्येक इन्सान पाना चाहता है क्योंकि प्यार अपने आप में इन्सानियत, मानवीय मूल्यों, देश प्रेम, भाईचारा और बेहतर जीवन का प्रतीक है। लेकिन आज की पीढ़ी प्यार को भूलकर अश्लीलता और फुहड़पन में फँसती जा रही है। प्रेमी–प्रेमिका एक–दूसरे को कपड़ों की तरह बदल रहे हैं, आये दिन तलाक हो रहे हैं। समाज गलत राह पर जाता दिख रहा है क्योंकि सच्चा प्यार गायब हो रहा है। समाज का दर्पण कहा जाने वाला सिनेमा जगत भी अश्लीलता परोस रहा है और बहुत से फिल्मी गीतों में तो अश्लीलता की सारी हदें पार कर दी गई है। जिससे प्यार कहीं खोता सा नज़र आ रहा है। इसलिए ही इस पुस्तक को लिखने की आवश्यकता महसूस हुई ताकि सच्चे प्यार की हकीकत समाज के सामने रखी जा सके जिससे लोग फुहडपन को त्याग कर ईमानदारी, वफादारी, समर्पण और स्पष्टता के साथ प्यार करें।

पुस्तक में 'प्यार क्या है, सच्चा प्यार पाने के तरीके, शादी–शुदा जीवन को खुशियों से भरने के उपाय, प्यार का वैज्ञानिक पहलू प्यार और वैलेंटाइन डे, जीवन साथी को लेकर पसन्द, प्यार की शुरूआत और ऑनर किलिंग को शामिल किया गया है। पुस्तक का प्रत्येक पक्ष अनुभव व रिसर्च आधारित है।

पुस्तक की भाषा को सरलतम रखने की कोशिश की गई है। प्यार के मायनों को समझाने के साथ–साथ सच्चा प्यार पाने

के तरीकों को इस प्रकार प्रस्तुत किया गया है जिससे पाठक उन्हें अपने अनुभवों से जोड़ कर देख सकें।

देश विदेश में ज्यादातर लोग महान प्रेमियों–प्रेमिकाओं की दास्तान से परिचित है, इनके उपर फिल्में भी बन चुकी हैं लेकिन सभी को मात्र एन्टरटेनमेंट का साधन मान लिया गया और उनसे कोई सीख नही ली। इसलिए समाज प्यार को लेकर गलत धारणा का शिकार हो गया। प्यार के किस्सों तथा कहानियों के सन्दर्भ में काफी साहित्य मिल जाएगा लेकिन प्यार के विभिन्न पक्षों की सच्चाई के साथ व्याख्या करने वाली कोई सफल पुस्तक मौजूद नहीं है। यह पुस्तक इसी कमी को दूर करने के प्रयास का परिणाम है। मुझे उम्मीद ही नहीं बल्कि पूरा यक़ीन है कि यह पुस्तक सभी के लिए लाभकारी होगी क्योंकि यह प्यार से सम्बधित हर एक पहलू को स्पष्ट करती है।

इरशाद अली

आभार

इस उम्मीद के साथ कि यह पुस्तक सभी को मार्गदर्शित करेगी और सच्चा प्यार पाने के लिए प्रेरित करेगी, मैं उन सभी का शुक्रिया अदा करता हूँ जिन्होंने इसे लिखने में मुझे प्रत्यक्ष और अप्रत्यक्ष रूप से सहयोग दिया। मैं रविरंजन सर का आभारी हूँ क्योकि सर ने हमेशा नया करने के लिए प्रेरित किया। इनके अलावा मैं अपने प्राध्यापक श्रीमान शशि शेखर सिंह प्रसाद और डा० सोनू त्रिवेदी मैडम का भी आभारी हूँ। जिन्होंने मुझे कदम--कदम पर आगे बढ़ने के लिए प्रोत्साहित किया और आज भी करते हैं।

मैं रूखसार का भी आभारी हूँ क्योंकि उन्होंने इस चुनौती पूर्ण कार्य में मुझे काफी सहयोग किया, ये मेरी प्रेरणा स्त्रोत हैं। पंडित श्री विजय दत्त भारद्वाज का मै अनन्य ऋृणी हूँ क्योंकि इन्होंने मुझे हिन्दू शादी के संम्बध में मंत्रो सहित व्यक्तिगत रूप से समझाया और प्रेरित किया। कोबरा पोस्ट डॉट कॉम में कार्यरत मेरे अज़ीज दोस्त रहीसुद्दीन "रिहान" और BBC में कार्यरत दिलनवाज़ पाशा का भी शुक्रगुजार हूँ इन्होंने मुझे पुस्तक लिखने के लिए व्यक्तिगत रूप से समर्थन और सहयोग दिया। वसीम आलम, दिग्विजय बघेल व ताहिर का भी तहे दिल से शुक्रिया अदा करता हूँ।

सभी लोगो के समर्थन और सहयोग से इस पुस्तक को पूरा करने में मुझे करीब ढ़ाई साल लगा। उम्मीद करता हूँ कि पुस्तक सभी पाठकों को पसन्द आएगी और लाभान्वित करेगी।

इरशाद अली

परिचय

एक ज़माना था जब लोग प्यार को खुदा माना करते थे। उन दिनों लोग अपने प्यार को देखने को तरसा करते थे। अपने प्यार को देखे बिना, मिले बिना और बात किये बिना महीनों बीत जाया करते थे लेकिन जब कभी भी चोरी–छिपे मिलना होता था, तो वे बड़े सच्चे दिल से मिलते थे। उनके चेहरे पर स्वाभाविक खुशी और ताजगी भरी मुस्कान अपने हबीब से मिलने की खुशी को बयां करती थी।

खुशनसीब हैं, हम लोग क्योंकि हमारे पास वे सारे संसाधन हैं, जो हमारी दूरियों को कम करते हैं। आज इन संसाधनों की वजह से ही हम अपने प्यार से बाते कर सकते हैं, एक दूसरे को सन्देश भेज सकते हैं, यहाँ तक कि एक क्लिक से एक दूसरे को देख भी सकते हैं। उस जमाने में संचार के ये सभी साधन मौजूद नहीं थे, लेकिन फिर भी दिलों में सच्चा था। आज ऐसी कोई मजबूरी नहीं हैं लेकिन फिर भी हमारे पास प्यार नहीं है क्योंकि आज दिखावा है, पाखण्डता है और प्यार की बेकद्री है। प्यार की तौहीन का आलम ये है कि कॉलेजों और सार्वजनिक स्थानों के शौचालयों तक में दिल बने हुए मिलते हैं और लिखा होता है 'आई लव यूँ' और साथ में साथी का नाम भी। सवाल उठता है कि क्या उनकी प्रेमिका कभी भी पुरुष शौचालयो में जाएगी और उनकी इस भद्दी दिवानगी पर खुश होगी? निश्चित रूप से कभी जाएगी ही नहीं, तो फिर इन असभ्य हरकतों को क्या समझा जाए? सिर्फ यही ना.... कि यह प्यार की तौहीन है।

प्यार तो दिल में होता है और फिर ऐसी जगह अपने प्यार की अभिव्यक्ति लिखित रूप में व्यक्त करना जहाँ आपका साथी कभी देख ही नहीं सकता तो उसका क्या लाभ, दिवारों पर इस तरह की बातें लिखना आपके प्रेमी होने का नही बल्कि एक असभ्य होने का प्रतीक है।

सच्चा प्यार आज देखने को कम ही मिलता है, पर अफसोस कि प्यार के नाम पर प्रेमी जोड़े हर पार्क, मॉल और बाजार में घूमते मिल जाएंगे, लेकिन क्या वे सच्चा प्यार करते हैं, इस बारे में हम कुछ नहीं कहना चाहते लेकिन तथ्यों और प्रत्यक्ष अनुभवों के आधार पर हम कह सकते हैं कि आज प्यार कम और दिखावा ज्यादा है। 2009 में हमने अपने कॉलेज के विद्यार्थियों और अपने आस पास के युवा लड़कों से बात की, साथ ही लड़कियों से भी और पाया कि, वे प्यार तो चाहते हैं लेकिन टाइम पास के रूप में, पर ऐसा नहीं था कि सभी ऐसे थे, कुछ उनमें अपने प्यार के प्रति गम्भीर भी थे लेकिन जो गम्भीर नही थे, वे सिर्फ प्यार करने का नाटक करते हैं, प्यार का दिखावा करते है। जिसका प्रमाण इस तथ्य से हो जाता है। देखिए अगर आप 'OYE 104.8 FM, सोमवार से मंगलवार रात 9 बजे से 12 बजे तक इश्किया प्रोग्राम'' सुनते होंगे तो आपने यह सुना होगा कि अधिकांश कॉलर्स ने प्रोग्राम के R.J. राहुल माकिन को अपने साथी को छोड़ने के ऐसे कारण बताए, जो प्रथम दृष्टि में ही गैर तार्किक प्रतीत होते है। जैसे किसी ने अपना साथी इसलिए छोडा कि वह अब मोटा हो गया था, तो किसी ने इसलिए कि अब उसका अपने साथी से मन भर गया था या इसी तरह के

अन्य कारणों से अपने साथी को छोडने की बातें बताई। दरअसल ये सभी कोई कारण नही, बल्कि यह प्यार के साथ मजाक है नाटक है, धोखा हैं और यह आधुनिकता में भटकता हुआ मन है। प्यार तो वह है– जैसा कि सेम कीन कहते हैं कि 'आप एक बेहतर इन्सान को देखकर प्यार नही करते बल्कि एक सामान्य इन्सान को देखकर, उसे बेहतर ढंग से प्यार करते हैं।' वर्तमान युग आधुनिक युग हैं लेकिन आधुनिक युग का मतलब यह तो नहीं है कि आप अपनी मर्यादा, इन्सानियत और मूल्यों को ताक पर रखकर किसी की भावनाओं से खेलें या किसी की ज़िन्दगी से आधुनिकता का मतलब पश्चिमी संस्कृति से नहीं बल्कि तार्किक और वैज्ञानिक सोच से हैं और इस सोच से आप अपने प्यार को पा सकते हैं। लेकिन जिस तरह से वर्तमान में प्यार के नाम पर लोग अपने स्वार्थो की पूर्ति करते हैं और बार–बार साथी को कपड़ों की तरह बदलते हैं, उससे तो यही लगता हैं कि प्यार मर रहा है या सच्चा प्यार कहीं खो सा गया है।

हम यह नहीं कह रहे हैं कि कोई किसी को सच्चा प्यार करता ही नहीं है बल्कि हम यह बता रहे हैं कि कुछ लोग किस प्रकार प्यार का नाटक करते हैं और जब मन किया छोड़ देते है। वास्तव में इसे सरासर धोखा कहा जाएगा वैसे भी किसी को किसी की ज़िन्दगी में काटे बोने का कोई हक़ नहीं है क्योंकि एक तो सच्चे दिल से प्यार करें और दूसरा दिखावा या धोखा दे, तो यह सच्चे दिल से प्यार करने वाले की ज़िन्दगी में कांटे बोने के ही समान है।

हमारा उद्देश्य आपको यह बताना है कि आप सच्चा प्यार कैसे पा सकते हैं। हर किसी के मन में यह इच्छा होती है कि उसे सच्चा प्यार मिले जो उसे बहुत प्यार करे, उसे समझे और उसे सराहे, उसकी देखभाल करें। सच्चा प्यार आप कैसे पा सकते है, इसके बारे में हम अब विस्तार से चर्चा करेंगे, लेकिन सच्चा प्यार पाने के उपाय जानने से पहले हम प्यार क्या है विषय पर थोड़ी चर्चा करेंगे।

क्या है प्यार

महान साहित्यकार शैक्सपियर ने लिखा है कि "जिसने सच्चा प्यार पा लिया उसने सारा ज़हान पा लिया और जिसने प्यार खो दिया उसने अपनी ज़िन्दगी खो दी।" प्यार का महत्व तो अपने आप इन्हीं दो पंक्तियों से स्पष्ट हो जाता है। लेकिन वर्तमान समय में प्यार भी एक फ़ैशन बन गया हैं, तभी तो आए दिन प्रेमी और प्रेमिका भी कपड़ो की तरह बदले जाने लगे हैं और जिसके पास एक से ज्यादा ब्वायफ्रेंड या गर्लफ्रेंड हो उन्हें अच्छा समझा जाने लगा है। चाहे इसका कारण पश्चिमी संस्कृति, बदलता माहौल, संचार माध्यमों का तीव्र विकास या टीवी चैनल्स की परोसी गई संस्कृति को माना जाए या किन्हीं अन्य को, इतना सच है कि यह प्यार नहीं है।

जहां संचार के माध्यंम लोगों को करीब लाने में कामयाब रहे हैं वही प्यार के अनमोल रिश्तो को तोड़ने में भी इनका काफी योगदान रहा है। 'सच का सामना' जैसे टीवी कार्यक्रम अच्छा ख़ासा चलते जीवन में अतीत के गढ़े मुर्दो को उखाड़ कर हरे–भरे जीवन में आग लगा देते हैं। फेसबुक व इन्टरनेट ने जहाँ कई दिलों को मिलाया है तो कई को तोड़ने में भी भूमिका निभाई है। एक सर्वे के मुताबिक फेसबुक की शुरूआत के बाद से तलाक की घटनाएँ बढ़ गयी हैं क्योंकि इसकी आदत एक नशे की तरह होती है, जो कई बार अपने प्रेमी या प्रेमिका तथा पति या पत्नी की तरफ पूरा ध्यान न दे पाना एक–दूसरे के मन

में शक पैदा करता है जबकि शक प्यार में एक ऐसी बीमारी का नाम है, जिसका कोई इलाज नही है। परिणाम स्वरूप प्यार के रिश्ते टूटते है।

हम यह स्पष्ट करने की कोशिश करेंगे कि प्यार क्या है, लेकिन यह बात काबिल–ए–गौर है कि प्यार को किसी भी स्तर पर सर्वव्यापक रूप से परिभाषित नहीं किया जा सकता क्योंकि प्यार का अर्थ हर किसी के दिमाग की अलग–अलग उपज है लेकिन इसका भाव और अहसास एक ही है।

प्यार से मतलब माता–पिता के प्यार, भाई–बहन के प्यार, दादा–दादी के प्यार या किसी रिश्तेदार के प्यार से भी हो सकता है और होता है। लेकिन फिर भी प्यार से हमारा मतलब उन प्रेमी–प्रेमिकाओं तथा पति–पत्नियों के बीच उस अहसास से जो, उन्हे एक–दूसरे का सुख–दुख में साथ देना, ईमानदारी और समर्पण के साथ एक दूसरे के लिए जीने तथा साथ रहने के लिए प्रेरित करता है।

प्यार सबसे पहले एक अनमोल कुदरती गिफ्ट है। प्यार भावनाओं का एक ऐसा समुन्द्र हैं, जिसका कोई किनारा नही है। प्यार भरपूर आनन्द और कभी न खत्म होने वाली खुशी का अहसास है। प्यार कुछ भी कर गुजरने की ताकत हैं। प्यार एक जोश और उमंग की अभिव्यक्ति है। प्यार जिन्दगी का एक खास हिस्सा है जिसके बिना ज़िन्दगी नीरस है। प्यार के बिना ज़िन्दगी तन्हा है। प्यार व्यक्ति को परिपक्व बनाता है क्योंकि जो लोग प्यार में होते हैं, वे सकारात्मक और मजबूत इरादे वाले होते हैं। यही गुण व्यक्ति को प्रभावशाली बनाते हैं। सच्चा प्यार करने

वाला कोई भी इन्सान गलत काम से बचता है और सही रास्ते पर चलता है और प्यार की ताकत से वह कठिन से कठिन मंजिल भी पा लेता है। हाँ, सारी धन–दौलत और ऐशो–आराम के साधन होने के बावजूद जिन्दगी में प्यार न हो, तो फिर ज़िन्दगी जीना मुश्किल होता है और अगर ज़िन्दगी में कोई सच्चा प्यार करने वाला साथी साथ हो तो ज़िन्दगी हसीन हो जाती है। प्यार ज़िन्दगी है क्योंकि प्यार के बिना जीवन महत्व हीन सा हो जाता है। जैसे किसी के पास जीवन जीने के सारे संसाधन हैं, अच्छी–ख़ासी सेलरी भी है लेकिन उसकी पत्नी या उसका पति, उसे प्यार न करे, उसका ख्याल न रखें, ईमानदारी से उसके साथ पेश न आए तो क्या होगा? तनाव, परेशानी और उदासी का माहौल जन्म लेगा। अगर आपके पास संसाधन बेशक कम हों लेकिन एक–दूसरे के लिए दिल में सच्चा प्यार हो तो ज़िन्दगी सचमुच हसीन होगी।

क्या किसी को सिर्फ 'I Love You' बोलना ही प्यार हो सकता है? क्या यही सच्चे प्यार की अभिव्यक्ति है? दरअसल किसी को प्यार के ये ढ़ाई अक्षर बोल देने से प्यार नही हो जाता। कुछ दिनों तक साथ रहने भर से, किसी विवाह–पार्टी में देखने या थोड़ी मुलाकात भर से प्यार नही होता। हाँ यह जरूर हो सकता है कि आपकों कोई अच्छा लगे या पसन्द आ जाए लेकिन प्यार तो दिलों–दिमाग की सह–उपज है, जो आँखों से शुरू होकर दिलों–दिमाग में उतरती है। प्यार इन्सान को खुशी, जोश, उमंग और उत्साह से भर देता है। प्यार कभी भी एक दम

नहीं होता बल्कि यह धीरे–धीरे होता है और समय के साथ बढ़ता तथा मजबूत होता है।

सच्चा प्यार वही होता है जब कोई अपने प्रेमी या प्रेमिका तथा पति या पत्नी को जरा सी परेशानी होने पर उसे नज़र अन्दाज नहीं करता बल्कि उसे दूर करने की कोशिश करता है। सच्चा प्यार वह है, जिसके बिना किसी को जीवन अधूरा लगता है, जो उसकी रग–रग में बसा हो, जिसकी वह पूरी कद्र करता हो, जिसका ख्याल रखना उसे अच्छा लगता हों, जिसके प्रति दिल में थोड़ी सी भी बेईमानी न हो, जिसकी हर चीज से उसे लगाव हो। इतना सब होना सच्चे प्यार की निशानी है। अब 'I Love You' सच्चा प्यार है, प्यार प्रत्येक व्यक्ति की जिन्दगी की अहम जरूरत हैं क्योंकि प्यार के बिना जिन्दगी अधूरी है। प्यार में ईमानदारी और समर्पण बेहद जरूरी है क्योंकि अगर सच्चा प्यार पाना है, तो आपकों अपने साथी के प्रति ईमानदार और समर्पित होना ही पड़ेगा।

किसी को धोखे में रखना, जबरदस्ती किसी से प्यार चाहना, अपने स्वार्थ के चलते किसी की तारीफ करना और किसी को 'I Love You' बोलना प्यार नहीं हैं, बल्कि धोखा है, उसकी ज़िन्दगी के साथ खिलवाड़ है। अगर किसी को प्यार करें, तो सच्चे दिल से करें, खूब करें, बेशुमार करें पर कभी भी किसी भी मामले में उतावलापन न करें क्योंकि प्यार को सदा तरो–ताजा और मजबूत रखने के लिए सब्र की जरूरत होती है। प्यार करना आसान है लेकिन प्यार को बनाए रखना मुश्किल क्योंकि इसके लिए पूरे समर्पण और त्याग की जरूरत होती है

लेकिन कई लोग कई जगह मुँह मारते फिरते हैं और कई के साथ अपना अफेयर जारी रखते हैं, जो किसी के साथ धोखा है और प्यार की तौहीन का स्पष्ट संकेत है। प्यार तो किसी एक से ही किया जा सकता है और सच्चा प्यार तो वही है, जब आपका साथी आपको बेहतर ढ़ंग से समझता है, पूरा ख्याल रखता है, आपकी पसन्द और नापसन्द जानता है, आपकी पूरी इज्जत करता है जबकि आजकल इसका अभाव देखने को मिलता है। आपका साथी सिर्फ आपकी ही नही बल्कि आपके परिवार की भी इज्जत करता हो और किसी भी दुख–दर्द को बांटने के लिए बराबर तैयार रहता हो।

हमारा उद्देश्य आपको यह बताना है कि आप सच्चा प्यार कैसे पा सकते हैं क्योंकि अगर प्यार जिन्दगी में है, तो फिर क्या कमी है। सच्चा प्यार दिलाने में जो चीजें बेहद जरूरी हैं और जिनके बिना न तो प्यार पाया जा सकता है और न ही पाने के बाद इसे बनाये रखा जा सकता है। उनकी चर्चा अब यहाँ हम विस्तार से करेंगे।

प्यार के प्रति ईमानदारी ज़रूरी

झूठ से आप किसी को फंसा तो सकते हो लेकिन प्यार नहीं पा सकते। जबकि ईमानदारी व्यक्ति का गुण है, जो उसे घर–परिवार, समाज और संसार में प्रतिष्ठता दिलाता है। व्यक्ति का सम्मान बढ़ाता है और व्यक्ति को प्रभावशाली बनाता है। अगर आप अपने साथी के प्रति पूरी तरह से ईमानदार हैं, उनसे कुछ नही छिपाते हैं, अपनी हर बात उनके साथ बयां करते हैं और किसी भी प्रकार की बात उनके सामने घूमा–फिरा क़र नहीं

रखते और हमेशा पूरी ईमानदारी से पेश आते हैं, तो आप अपने प्यार के हमेशा बहुत करीब होंते हैं। क्योंकि ईमानदारी में एक प्रकार की आकर्षण शक्ति होती है, जो आपके प्यार को आपकी ओर खींच कर रखती है। लेकिन कई लोग हर जगह झूठ का सहारा लेते हैं और यहाँ तक कि वे किसी को अपने प्यार में झूठ के आधार पर फंसा लेते हैं और फिर एक झूठ को छुपाने के लिए सैकड़ों झूठ बोलने पड़ते हैं लेकिन जब सच्चाई का पता चलता है, तो पैरों के नीचे से ज़मीन निकल जाती है। प्यार का रिश्ता चरमराकर समाप्त हो जाता है। कितनी बुरी चीज है यह बेईमानी क्योंकि आपने तो उनसे झूठ बोला और वे आपसे सच में प्यार कर बैठे। किसी को कोई हक नहीं है कि वह किसी की ज़िन्दगी में परेशानी लाए या उनके साथ खिलवाड़ करे। इस बात से ज्यादा और कोई बुरी बात नहीं हो सकती कि आपको प्यार करने वाला ही आपसे झूठ बोल रहा हो। यह बर्दाश्त से बाहर होता है, इसलिए तो कई प्रेमी–प्रेमिकाएं आत्महत्या जैसा कदम उठाते हैं। जबकि सच्चा प्यार करने वाला कभी किसी की मौत का कारण नहीं बन सकता। सच्चा प्यार पाने के लिए यह बेहद ज़रूरी है कि आप अपने साथी के प्रति पूरी तरह से ईमानदार रहे, वफादार रहे क्योंकि ईमानदारी प्यार में मज़बूती बनाए रखने का काम करती है।

प्यार में वक्त की अहमियत

जो वक्त बीत जाता है, वह कभी नहीं लौटता, इसलिए प्रत्येक व्यक्ति को वक्त की कीमत समझनी चाहिए और पूरी लगन से काम क़रना चाहिए। अपनी कामयाबी की ओर हमेशा

कदम बढ़ाते रहना चाहिए लेकिन आपको अपने उस साथी का भी ध्यान रखना चाहिए, जो आपको बहुत प्यार करता है। आप व्यस्त रहते हैं, बहुत अच्छी बात है लेकिन आपको अपने प्यारे साथी के बारे में भी सोचना चाहिए और उनके लिए भी कुछ वक्त अवश्य निकालना चाहिए और उस वक्त को उनके साथ बिताएं ही नहीं बल्कि जियें ताकि उन्हें इस बात की खुशी हो कि आप अपनी व्यस्तता के बावजूद उनके लिए वक्त जरूर निकालते है, उन्हें याद रखते हैं और उन्हें बहुत प्यार करते हैं। अपने प्यार को बराबर वक्त देना जरूरी होता है क्योंकि अगर आप उनसे सच्चा प्यार करते तो उनका ख्याल भी तो आपको ही रखना चाहिए। क्योंकि अगर आपके होने के बावजूद उन्हें अकेलापन महसूस होता है, तो यही सबसे बुरी बात है। जो लोग अपने प्यारे साथी का पूरा ख्याल रखते हैं और आवश्यक वक्त भी देते हैं, साथ ही अपने काम को भी मुस्तैदी से करते हैं, उनका जीवन बहुत खुशहाल होता है क्योंकि उनका प्यार उनके साथ होता है जो उनकी कार्य क्षमता को बढ़ाता है। वक्त की प्यार में और सामान्य रूप से भी बड़ी अहमियत है। इसलिए अपने साथी को यह अहसास न होनें दे कि आपके पास उनके लिए वक्त नहीं है और आप अपना सारा वक्त अपने काम और काम से जुड़े लोगों में ही बीता देते हैं। इससे आपके साथी को तनाव होगा और प्यार के रिश्ते में तकरार पैदा होगी। सच्चा प्यार पाने के लिए जरूरी है कि आप अपने काम और प्यार में संतुलन बनाकर चलें।

सच्चा प्यार स्पष्टता पर आधारित

हम जानते हैं कि प्यार का रिश्ता बहुत नाजुक होता है। इसको छोटी से छोटी बात भी तोड़ने के लिए काफी होती है। लोग प्यार तो कर बैठते हैं, लेकिन निभा नहीं पाते। इसके पीछे कई कारणो में से एक अस्पष्टता का भी होना है। अस्पष्टता प्यार के लिए खतरनाक हैं क्योंकि कई बार लोग एक के अलावा अन्य के साथ भी प्यार के रिश्ते बनाए रखते हैं और हर किसी से उसी के लिए जीने–मरने की बात करते हैं, जो बिल्कुल स्पष्ट है कि यह प्यार नहीं बल्कि किसी की ज़िन्दगी से खिलवाड़ है। कई बार ऐसा भी होता है कि आप प्यार किसी एक से ही करते है लेकिन अपने दोस्तों के बारे में अपने साथी से बताने में डरते हैं कि कहीं आपका साथी आपसे नाराज न हो जाए।

देखिये, अगर आप अपने दोस्तों के बारे में अपने प्रेमी या प्रेमिका को स्पष्ट नहीं बताते हैं या बिना स्पष्टीकरण के अपने किसी दोस्त विशेष की अनावश्यक तारीफ करते है तो आप स्वयं ही अपने साथी के मन में शक पैदा करते हैं। अगर आप अपने साथी को सचमुच प्यार करते हैं तो उन्हें अपने दोस्तो (लड़का/ लड़की) के बारे में खुलकर बताएं कुछ न छिपाएं क्योंकि शक एक ऐसी बीमारी है, जो लाइलाज है। शक से अपने आपको और अपने प्यार को हमेशा दूर ही रखें क्योंकि शक ने न जाने कितनी ज़िन्दगियो को बर्बाद किया और अनेकों संघर्षो और झगड़ों को जन्म दिया। शक ने तो बड़ी–बड़ी हस्तियों को मिटाया है लेकिन अगर आप अपने प्यार को बनाए रखना चाहते

हैं, तो अपने प्रेमिका या प्रेमी से कुछ न छिपाएं। अगर आप अपने प्यार के प्रति स्पष्ट और साफ रहेंगे, तो आप दोनों का एक–दूसरे पर यकीन बना रहेगा और आपका प्यार का रिश्ता प्यार से सराबोर रहेगा।

याद रखें कि जब कभी भी आप अपने साथी से अपने किसी दोस्त की बात करें तो कभी भी ऐसा कुछ न करें जिससे आपके प्रेमी या प्रेमिका को लगे कि आप उनकी अपने दोस्त से तुलना कर रहे हैं। या उन्हें नीचा दिखाने की कोशिश कर रहें हैं। आपकी यह बात आपके साथी को मानसिक तौर पर परेशान करती है।

अपने प्रेमी या प्रेमिका को पूरा महत्व दें

महान साहित्यकार और कवि शैक्सपियर का यह कथन कि "मेरा दिल सदैव आपकी सेवा में है।", साथी के महत्व की ओर ही इशारा करता है क्योंकि जानवर से लेकर इन्सान तक, हर कोई अपनी अहमियत चाहता है। प्यार में एक दूसरे को अहमियत देने का अहसास हमारे प्यार के रिश्ते को और ज्यादा मधुर और मजबूत बना देता है। लेकिन हमने एक बार नहीं कई बार और कोई एक जगह नहीं बहुत जगह देखा है, जो लड़के–लड़कियां कहते है कि वे एक दूसरे को प्यार करते हैं लेकिन उनके व्यवहार में एक दूसरे के प्रति सम्मान की झलक नहीं मिलती, तभी तो वे किसी पार्टी, कार्यक्रम में अपने दोस्तों के सामने एक–दूसरे पर तीखे व्यंग्य भी कस देते हैं जिससे दोनों को ही समय–समय पर नीचा देखना पड़ता है। जबकि सच्चे प्यार की आवश्यक शर्त यह है कि जितना आप किसी से प्यार करते हैं

उतना ही सम्मान भी करना करें क्योंकि सम्मान प्यार को बढ़ाता है। सम्मान करना तो ऐसा नैतिक गुण है जो व्यक्ति को सभी के बीच प्रिय बनाता है। नारी की इज़्जत करना तो हमारी संस्कृति का अहम हिस्सा है इसलिए आपको अपनी प्रेमिका का पूरा सम्मान करना चाहिए क्योंकि इससे आपकी प्रेमिका के दिल में आपके लिए और प्यार बढ़ेगा।

आप कहीं भी जाएं, चाहे किसी पार्टी में या कहीं घूमने या किसी शादी विवाह में लेकिन इस बात का ख्याल रखें कि अगर आपका प्रेमी या प्रेमिका आपके साथ है, तो उन्हें पूरा महत्व दें, उनका सम्मान करें। अगर वे आपके साथ नही भी हैं, तो किसी के पूछने पर उनके बारे में सम्मान पूर्वक जानकारी दें क्योंकि उनके सम्मान और उनकी अहमियत आपको दूसरो के सामने विशेष बना देती है क्योंकि वही इन्सान कभी न कभी आपके साथी को बता देता है कि आपका प्रेमी या प्रेमिका आपको बहुत पसन्द करती हैं या करता हैं। इसलिए अपने साथी को कहीं भी नजर अन्दाज न करें क्योंकि जो लोग अपने प्रेमी या प्रेमिका का उतना ही सम्मान करते हैं जितना कि प्यार तो उनका यह प्यार कामयाबी जरूर पाता है।

प्रेमी-प्रेमिका एक-दूसरे के घरवालों के बारे में कुछ गलत न बोलें

सच्चा प्यार पाने के लिए यह भी किसी मंत्र से कम नहीं है कि आप एक–दूसरे के घर वालो के बारे में कोई भी अपशब्द इस्तेमाल न करे। प्यार को तरोताजा रखना हर किसी के बस की बात नहीं है क्योंकि आजकल सभी अपना धैर्य बड़ी जल्दी

खो देते हैं इसलिए तो वे जरा सी बात होने पर अपनी प्रेमिका या प्रेमी को क्या–क्या कह देते हैं, इतना ही नहीं वे एक–दूसरे के घरवालों को भी भला–बुरा कहने से नही चूकते। परिणामस्वरूप आपके रिश्ते में तकरार और बढ़ जाती है ओर आखिरकार आपका रिश्ता खत्म हो जाता है। हमने बसों में, पार्कों में, कॉलेज में और सड़क पर चलते हुए प्रेमी–प्रेमिका को ऐसे ही लड़ते–झगड़ते देखा है। सबसे ज़्यादा जरूरी है कि अगर आपके बीच किसी कारण या किसी बात को लेकर गलत फहमी पैदा हो गई है, तो आपको ऐसे लड़ने झगड़ने की जरूरत नहीं बल्कि एक दूसरे की बात को ध्यान से धैर्यपूर्वक सुनने की ज़रूरत है तभी आप अपने रिश्ते को आगे बढ़ा पाएंगें वरना एक–दूसरे के साथ साथ उनके घरवालों को अपशब्द कहकर आप कुछ हासिल नहीं कर सकते–बल्कि अपने प्यार के रिश्ते को ही समाप्त करने की ओर कदम बढ़ाएंगे।

किसी भी स्थिति में अपना धैर्य बनाए रखना चाहिए ताकि किसी भी गलती पर विचार करके उसे सुधारा जा सके। आप को एक दूसरे के घरवालों का उतना ही सम्मान करना चाहिए जितना कि आप अपने प्रेमी या प्रेमिका का करते हैं क्योंकि इससे आपका प्यार बढ़ेगा और साथ ही जरूरत पड़ने पर आप एक दूसरे की सहायता करने के लिए तैयार रहेंगें आप अपना सच्चा प्यार तभी पा सकते हैं जब आप एक दूसरे का सम्मान करते हुए एक दूसरे के घरवालों का भी उतना ही सम्मान करते हों और किसी भी परेशानी की स्थिति में उनका साथ देने के लिए तैयार खड़े हो।

प्यार में उपहार की भूमिका

हमारे जीवन में कई ऐसे मौके आते है जब हम एक दूसरे को उपहार देते हैं। उपहार अपनो के प्रति प्यार प्रदर्शित करने का सबसे अच्छा तरीका है क्योंकि उपहार कई बार अनकही बातें बयाँ कर देता है। कोई भी उपहार अपने आप में ख़ास बनाया जा सकता है। उपहार प्यार करने वालों के लिए भी ख़ास होते हैं क्योंकि उपहार प्यार में एक नई ऊर्जा भरने का काम करते हैं। लेकिन जरूरत इस बात की होती है कि हमें उपहार देते समय और लेते समय कुछ ख़ास बातों का ध्यान रखना चाहिए ताकि वह लम्हा जिसमें उपहार दिया या लिया जा रहा हो यादगार बन जाएं। इसलिए उपहार देते वक्त ये बातें याद रखें–

- उपहार देते वक्त आपके चेहरे पर स्वाभाविक खुशी होनी चाहिए।
- उपहार देते वक्त आपको या देने के बाद अपने साथी से अपनी आर्थिक स्थिति का वर्णन नहीं करना चाहिए।
- जिसे आप उपहार दे रहे हैं, उसकी पसन्द या नापसन्द का ख्य़ाल रखें।
- जो भी उपहार दे, वह ऐसा होना चाहिए जो आपकी भावना को व्यक्त करे और जिसे आपके प्रेमी या प्रेमिका को अपने घर में रखने में असहजता महसूस न हो।
- ज़रूरी नहीं है कि आप मंहगे उपहार ही दें। आप स्वयं भी कुछ उपहार बना सकते हैं क्योंकि आपकी रचनात्मकता

और आपकी मेहनत से बना उपहार आपके प्रेमी या प्रेमिका को ज्यादा आकर्षित करेगा।

❖ उपहार चाहे कितना भी मामूली हो, लेकिन उसे आकर्षक ढंग से पैक कराना चाहिए। इससे उपहार देने वाला और लेने वाला दोनों असहज महसूस नहीं करते।

❖ सबसे ज़रूरी बात यह है कि उपहार से प्राइस टैग हटाना कभी न भूले और फिर उपहार देने के बाद अपने उपहार का बार–बार जिक्र न करें।

उपहार लेते समय जो बातें आपके ख्याल में होनी चाहिए–

❖ याद रखे कि उपहार की कीमत से ज़्यादा उपहार देने वाले की भावनाओं की अहमियत होती है। इसलिए ध्यान रखे कि उपहार लेते समय शुक्रिया या धन्यवाद जरूर कहें, चाहे उपहार आपको पसन्द आए या ना आए।

❖ अगर आपका प्रेमी या प्रेमिका आपको कोई उपहार कोरियर या पार्सल के जरिये भेजे, तो आप प्राप्ति की सूचना के साथ उपहार की तारीफ़ करते हुए उन्हें शुक्रिया या धन्यवाद देना न भूलें। इससे उपहार देने वाला काफी खुशी और संतुष्टि महसूस करेगा।

❖ अगर कोई उपहार ऐसा है जिसे पहना जा सकता है जैसे कपड़े और अन्य तो आप उन्हें ज़रूर पहनें और हो सके तो उन्हीं कपड़ों में उनसे मिलने जाए, तो फिर आप दोनों के दिल में प्यार और भी ज्यादा बढ़ेगा।

❖ उपहार को कभी उपहार देने वाले के सामने न खोले और

अगर ऐसा करना ही है, तो उपहार देने वाले से इज़ाजत ले ले।

उपहार अगर सही ढ़ग से और अपने प्रेमी या प्रेमिका की पसन्द के अनुरूप दिया जाता है, तो उसकी छाप दिलों–दिमाग पर एक लम्बे समय तक पड़ती है। इस प्रकार उपहार भी इस्तेमाल में आ जाता है। हर प्रेमी और प्रेमिका को उपहारों से लगाव होता है इसलिए उपहार ऐसा होना चाहिए जो आपके प्रेमी या प्रेमिका को आपकी याद दिलाता रहे। उपहार अच्छे से अच्छा खोजने के लिए थोड़ा बाजार में घूम कर लें, भले ही वक्त ज्यादा लगे क्योंकि उपहार रोज–रोज नहीं दिये जाते। वैसे भी सवाल आपके प्यार का है।

प्यार में दिखावे से दूर रहे, जो भी करे सच्चाई के सहारे करें

सच्चा प्यार पाना समुन्द्र से मोती निकालने जैसा है क्योंकि प्यार की राह मुश्किल होती है, लेकिन प्यारी होती हैं। जहाँ सच्चा प्यार होता है, वहाँ खुशियाँ अपार होती हैं। जॉर्ज सैंड ने कहा है कि 'खुशियाँ सिर्फ प्रेमी और प्रेमिका की जिन्दगी में होती हैं।' इसलिए अब ज़रूरी हो जाता है कि अगर सच्चा प्यार पाना है तो आप दिखावे से बचे क्योंकि दिखावा प्यार को खत्म कर देता है। प्यार में कोई किसी को झूठ और दिखावे के द्वारा अपने साथ कब तक बनाए रख सकता है? जबकि दिखावा ज्यादा दिनों तक नहीं चलता और सच्चाई सामने आ ही जाती है। फिर दिखावा क्यों करें कि आप उन्हें प्यार करते हैं? दिखावा कुछ दिनों के लिए तो किसी को खुश रख सकता है लेकिन प्यार को स्थायित्व प्रदान नहीं कर सकता।

आपको दिखावे से दूर रहकर अपने साथी के साथ सच्चाई से पेश आना चाहिए क्योंकि 'सिम्पल लिविंग हाई थिकिंग' आपको और आपके व्यक्तित्व को सदा मजबूत बनाए रखती है। जो लोग इस सिद्धान्त को अपनाते हैं, वे अपने आप को आधुनिक समझने वालों से ज्यादा खुश रखते हैं क्योंकि आधुनिकता का मतलब वैज्ञानिक सोच से है न कि किसी ओर अन्य चीज से। यही वैज्ञानिक सोच आपको अपने प्रेमी या प्रेमिका के दिलो–दिमाग में बिठा सकती हैं। ऐसा कुछ नहीं हैं कि लड़कियां उन्हीं लड़कों को पसन्द करती हैं, जो मॉर्डन और स्टाइलिश दिखते हैं बल्कि लड़कियां 'हाई आई क्यू' वाले लड़कों को भी बेहद पसन्द करती है। अगर आप उच्च विचार रखते है, सबके भले की सोचने के साथ–साथ जितना सम्भव हो पाता है आप करते भी हैं, तो इससे आपकी समाज में अपने दोस्तों और रिश्तेदारों में एक अच्छी पहचान बनती हैं और इसका प्रभाव आपके प्रेमी और प्रेमिका पर पड़ता है जो आपके प्रति उनके दिल में और प्यार बढ़ाने का काम करता है। दूसरों को खुश करने के चक्कर में अपने प्रेमी या प्रेमिका को कभी नजर अन्दाज़ नहीं करना चाहिए बल्कि उन्हें सबसे ज्यादा वरियता देनी चाहिए क्योंकि अगर आपका प्रेमी या प्रेमिका खुश है तो निश्चित रूप से आप भी खुश होगे और बेहतर ढ़ंग से कार्य कर पाएंगे। अपने साथी का पूरा ख्य़ाल रखे और दिखावे को अपने आस–पास भटकने न दे। आपके साथी को इस बात का पूरा अहसास होना चाहिए कि वह आपके लिए बहुत ख़ास है और आप जो भी कुछ करते है, पूरी जिम्मेदारी से करते हैं। यही

आपकी विशेषता आपके साथी के दिल में खास जगह बना लेगी। इस तरह आपका प्रेमी या प्रेमिका आपसे दूर रहने की सोच भी नहीं सकते।

प्यार में समर्पण जरूरी

किसी लक्ष्य के प्रति समर्पण लक्ष्य को आसान बनाता है और समर्पण के द्वारा व्यक्ति अपनी मंजिल पा लेता है। प्यार में समर्पण बहुत ज़रूरी है क्योंकि जो लोग प्यार के प्रति समर्पित होते है, वे ही अपना सच्चा प्यार पाते है। प्यार इन्सान को मजबूत और परिपक्व बनाता है। प्यार के काफी किस्से इतिहास में है, किसी ने अपने प्यारे दिलबर की एक झलक पाने के लिए अपनी फ्रिक किये बिना कंपकपाती सर्दी में नदी पार की, तो किसी ने अपने आशिक को उपहार देने के लिए अपने बाल कटाकर बेच दिये। दीवानगी की हद तक प्यार करने वालों में एक बात बिल्कुल समान थी कि वे एक दूसरे के प्रति समर्पित थे। सच्चा प्यार पाने की ख्वाहिश हर किसी की होती है क्योंकि सच्चे प्यार में जो सुख, चैन और मजा है, वह ओर किसी चीज़ में नही। अगर सच्चा प्यार पाना है तो आपको अपने प्यार के प्रति समर्पित होना चाहिए क्योंकि जिन्दगी में कई लोग ऐसे आते है, जो कभी कभी दो लोगों (प्रेमी–प्रेमिका) के बीच गलत फहमी पैदा करने की कोशिश करते है। आपको इन सब से बचते हुए अपने प्रेमी–प्रेमिका पर भरोसा करना है। आपके प्रेमी या प्रेमिका को आप पर इतना यकीन ज़रूर होना चाहिए कि आप उन्हें बहुत प्यार करते है और ऐसा तभी हो सकता है जब आप अपने प्यार के प्रति पूर्ण समर्पित होते हैं। इस समर्पण के

कारण ग्रीक के महान विचारक अरस्तु कहते हैं कि 'दो शरीरों में बसता हुआ प्यार एक आत्मा में बनता हैं। अर्थात् आपका प्यार इतना मजबूत होना चाहिए कि आप दो शरीर होते हुए भी एक आत्मा के रूप में अपने आप को महसूस करें। प्यार की कामयाबी के लिए समर्पण अति आवश्यक है।

हर दुख-दर्द में हो शामिल पूरा रखे ख्याल

सच्चे प्यार को पाने का एक मूल मंत्र यह भी है कि आप अपने प्रेमी या प्रेमिका का पूरा ख्याल रखे। उनका हर दुख–दर्द में साथ दें, उन्हें इस बात का अहसास न हो कि वे अकेले है क्योंकि आपका साथ उन्हें मानसिक रूप से मजबूती प्रदान करता है। वैसे सुख के तो सभी साथी होते है लेकिन प्यार और दोस्ती की असली परीक्षा तो दुख में ही होती है। यही वह वक्त होता है जब पता चलता है कि कौन किसे कितना मानता है, कितना चाहता है और कौन किसके लिए क्या कर सकता है? अगर आप किसी से प्यार करते हैं और आपकी शादी हो गयी है या नहीं भी हुई है और आपके प्रेमी या प्रेमिका को कुछ हो जाता है, तो यह आपकी पहली जिम्मेदारी बनती है कि आप उनका पूरा ख्याल रखें। अगर आप इस स्थिति में नहीं है कि आप उनके लिए प्रत्यक्ष रूप से कुछ कर पाये, तो आप कम से कम उनसे लगातार सम्पर्क तो बनाए रख सकते है। आपको समय–समय पर उनकी खैर–खबर लेते रहना चाहिए क्योंकि यह आपके साथी को मानसिक सर्पोट देगा। इससे आपके प्रेमी या प्रेमिका के दिल में आपके लिए प्यार और भी बढ़ेगा।

जब कोई अपने प्रेमी या प्रेमिका तथा पति या पत्नी को दुख के वक्त में नजर अन्दाज करता है, तो प्यार न केवल कमजोर पड़ता है बल्कि खत्म भी हो जाता है। ऐसा ही एक वाक्या हम आपके सामने रख रहे है। हमारे पडोस में 2004 में एक पति–पत्नी रहते थे। उनके पांच बच्चें हैं। एक दिन पत्नी को बहुत तेज़ बुखार हुआ; उसे चक्कर आ रहे थे और वह चल भी नही पा रही थी। पति बड़ा लापरवाह इन्सान, जो अपनी पत्नी को दवाई दिलाने की भी नही सोच रहा था। जब पत्नी की हालत ज्यादा खराब हुई तो वह उसे पैदल ही डॉक्टर के पास ले आया। जबकि पत्नी कह रही थी कि उससे चला नहीं जा रहा है, रिक्शा वाले को बुला लो, तो पति ने कहा कि तू रिक्शे में तीस रूपये खराब करवाएगी... यूँ ही चल। जैसे–तैसे वह पति के साथ डॉक्टर के पास चली गई लेकिन पति का गैर–जिम्मेदारी पूर्ण और लापरवाही से भरा व्यवहार ऐसा था कि उसने पूरे रास्ते में पत्नी का हाथ कहीं भी नहीं पकड़ा। हद तो उस समय हो गई जब वह पत्नी के साथ उसे दवाई दिलाकर वापिस आ रहा था, तभी अचानक पत्नी गिर पड़ी क्योंकि उसकी हिम्मत अब जबाब दे चुकी थी लेकिन पति उसे अपने साथ लाने या उसे उठाने के बजाय रास्ते में ही छोड खुद घर आ गया। घर में जब उससे उसके छोटे बेटे ने पूछा कि मम्मी कहाँ है? तो उसका जबाव था कि 'मर गई वो' कुछ देर बाद दूसरी गली में रहने वाली एक महिला उसकी बीमार पत्नी को घर छोड़कर गई।

ऐसी स्थिति में क्या प्यार पनप सकता है? क्या अब ऐसी स्थिति में इतना रूखा व्यवहार करने वाले के साथ रहा जा

सकता है? नहीं बिल्कुल नहीं। ऐसे में प्यार नहीं नफरत पनपती है। ईष्या का जन्म होता है। इसलिए अगर आप किसी से प्यार करते है, तो आपको अपनी प्रेमिका या प्रेमी का पूरा ख़्याल रखना चाहिए। प्यार में शर्म कैसी? अगर आप हर स्थिति में अपने साथी का पूरा ख़्याल रखते हैं, तो आपका प्यार बढ़ता ही है, कम होने का तो सवाल ही नहीं उठता।

एक और किस्सा गुरूतेग बहादुर अस्पताल का है। यह बात उन दिनों की है, जब मै 10 कक्षा में पढ़ता था और मेरा दोस्त 'विकास' बहुत बुरी तरह बीमार हुआ था तब मैंनें उसे अस्पताल में भर्ती कराया था। मैं हर रोज उसे अस्पताल में देखने जाया करता था। एक दिन एक व्यक्ति ने अपनी गम्भीर रूप से बीमार पत्नी को अस्पताल में भर्ती कराया था और वह अकेला उसकी पूरी देख भाल कर रहा था। लेकिन अगले दिन उसकी बीवी की हालत और ज्यादा बिगड़ गई तभी डॉक्टरों ने खून देने के लिए कहा खून सीधा पति से पत्नी को चढ़ाया जा रहा था लेकिन उसकी बीवी की हालत अचानक और बिगड़ गई और थोड़ी ही देर में उसकी मौत हो गई। उस वक्त उसका पति अपने हाथ में लगी हुई निडिल को बिना निकाले ही उठा और उसने नली को निडिल समेत अपने हाथ से खीच कर हटा दिया और परेशानी व गम में उसने अपने दोनों हाथ पूरी ताकत से उस वार्ड के शीशों में मारे। वार्ड के शीशे टूट गये। अपना सिर उसने जमीन में पटका मानो वह खुद भी मर जाना चाहता था। वह घायल हो चुका था। वहाँ मौजूद कई डाक्टरों ने उसे बड़ी मुश्किल से सम्भाला। वहाँ हर कोई उसकी बीवी के प्रति उसके

समर्पण और प्यार को देखकर गमगीन था क्योंकि उसकी आँखों में, उसके चेहरे पर उसकी बीवी के चले जाने का गम स्पष्ट नजर आ रहा था।

कितना प्यार करता था वह अपनी बीवी को इस बात का पता उसकी गतिविधियों से ही चल रहा था। वह इतना रो रहा था कि मैं कभी किसी आदमी को किसी के मरने पर इतना रोते हुए कभी नही देखा। उस वार्ड में जिसने भी यह सब देखा सभी को उसके प्रति हमदर्दी थी और सब उसके साथ गमगीन थे।

हम यहाँ यह बताना चाहते हैं कि अगर आप सच्चा प्यार पाना चाहते हैं, तो आपको अपने प्रेमी या प्रेमिका का पूरा ख्याल रखना चाहिए। साथ ही घर के अन्य सदस्यों का भी, ताकि आप बराबर सबके प्रिय बने रहो, सिर्फ किसी एक के ही नहीं। अपने साथी की देखभाल करने में शर्म किस बात की? अगर आप अपने साथी की परेशानी की स्थिति में पूरा ख्याल रखते हो और ऐसा करने में आप कही नही शर्माते हो, तो आपके साथी के दिल में न सिर्फ प्यार बढ़ता है बल्कि आपके प्रति उनके दिल में इज्ज़त और समर्पण की भावना और भी मजबूत होती है। हमें अपने प्रेमी और प्रेमिका तथा पति या पत्नी का पूरा–पूरा ख्याल बिना किसी शर्म और बिना किसी डर के करना चाहिए क्योंकि प्यार धरती पर खुदा का सबसे बेहतरीन तोहफा है।

यकीन करे, भरोसा कभी टूटने न दें

सच्चा प्यार पाने के लिए जो सबसे जरूरी है वह है आपसी विश्वास क्योंकि विश्वास ही दो लोगों को जोड़े रखता है। प्यार

में तो इसका महत्व और भी ज्यादा हो जाता है क्योंकि अगर एक बार भरोसा टूट गया तो फिर वह जुड नही सकता। जिस प्रकार एक धागे को तोड़कर पुनः वैसा ही नही किया जा सकता। अगर आप धागे को गांठ बाँध कर जोड़ते भी हैं। तो इसमें गांठ तो पड़ ही गई न। इसी प्रकार एक बार भरोसा टूटने पर वह उस तरह मजबूत नहीं रह सकता जैसे पहले था। ऐसी स्थिति में आपका प्यार का रिश्ता कमजोर पड़ता है और यह अविश्वास की खाई लगातार गहरी होती जाती है। जिससे प्यार का रिश्ता खत्म हो जाता है। अगर आप सचमुच किसी को दिल से चाहते है तो आपको उन पर भरोसा करना चाहिए। हमारा मतलब यह नही है कि आप किसी पर कोरा भरोसा करना शुरू कर दें बल्कि हमारे कहने का मतलब है कि आप किसी पर खास कर अपने साथी पर बेवजह शक न करे क्योंकि शक प्यार में उस बीमारी का नाम है जो लाइलाज है। सबसे बड़ी बात यह है कि जो आप से सच में प्यार करता है वह आपको कभी धोखे में नही रख सकता क्योंकि सच्चे प्यार की आधारशिला सच्चाई पर टिकी होती है। जरूरत इस बात की है कि आप अपने साथी पर शक करने से पहले अपने साथी की वास्तविक स्थिति से रूबरू हो जाए। क्योंकि अक्सर कई बार यह होता है कि कोई प्रेमी या प्रेमिका अपने मोबाइल को उस जगह बन्द कर लेते है जहाँ वे किसी की कॉल पिक अप नहीं कर सकते। लेकिन जब आप दूसरी बार कॉल करते हैं तो उनका फोन व्यस्त जाता है और आप नकारात्मक सोच के शिकार हो जाते है और बेवजह उन पर शक करने लगते है। कई बार ऐसा भी होता है कि

आपका प्रेमी या प्रेमिका कई दिन तक आपको कोई जबाव ही न दे और जब भी आपका कॉल उनके पास जाए तो आपको पता चले कि वे कहीं व्यस्त हैं लेकिन ऐसा भी हो सकता है कि घर में कोई गम्भीर स्थिति उत्पन्न हो गई हो जिस कारण आपका प्रेमी या प्रेमिका आपको रिप्लाई नहीं कर पा रहे हों। कई बार ऐसा भी होता है कि घर में बहुत सारे रिश्तेदार आ जाते है और लड़कियां ऐसी स्थिति में किसी से भी मोबाइल से सम्पर्क नहीं करती है या सम्पर्क करना उनके लिए मुश्किल होता है। इसलिए शक से बचे क्योंकि उनको मजबूरी हो सकती है। इसके बाद जब कभी आपकी मुलाकात हो या मिलना हो, तो एक–दूसरे को ताने देने या भला–बुरा कहने की बजाय एक–दूसरे की बात को बड़े ध्यान से सुनें और मजबूरी को समझे। ऐसा करने से निश्चित रूप से आपका प्यार बढ़ेगा ही लेकिन अगर आप दूसरे वाले को ध्यान से नही सुनते हैं तो वह यहीं समझेगा कि आप उन पर शक कर रहे हैं। जिससे आपका प्यार का रिश्ता बिखराब की हद तक जा सकता है। इसलिए जरूरी है कि आप अपने साथी का भरोसा बनाए रखे और इसे टूटने न दें।

धैर्य रखे, सहनशील बने

धैर्य और सहनशीलता मजबूत व्यक्तित्व की आधारशिला है। जो व्यक्ति धैर्यवान और सहनशील प्रवृत्ति के होते है, वे खोते कम, पाते ज्यादा है। प्यार तो वैसे भी अपने आप में त्याग की भावना को समेटे हुए है। ज़िन्दगी में कई ऐसे अवसर आते हैं जब धैर्य और सहनशीलता के साथ चले बिना गम्भीर परिणाम झेलने पड़ते है।

प्यार में धैर्य और सहनशीलता बहुत ज्यादा ज़रूरी हो जाती है क्योंकि कुछ लोग कई बार आपको आपके प्रेमी या प्रेमिका के बारे में नकारात्मक सुचनाएँ देते हैं ताकि आपका प्यार का रिश्ता खत्म हो जाए। जो लोग ऐसी स्थिति में आपा खो देते हैं उनका यह प्यारा सा रिश्ता खत्म हो होता रहता है। ऐसा इसलिए होता है क्योंकि वे बिना सब्र किये अपने साथी पर बरस पडते है और उन पर तरह–तरह के आरोप लगा देते है। जिससे दोनों के बीच परस्पर विश्वास की कमी हो जाती है।

देखिये, धैर्य का मतलब है कि आपको अपने साथी से दूर रहकर भी उन पर भरोसा करना है। उनकी छोटी–मोटी गलतियों को माफ करना है। किसी परेशानी वाली स्थिति के अचानक आ पड़ने पर किसी इन्सान का टूट जाना या लड़खड़ाना उसके धैर्य और सहनशीलता और आत्मविश्वास में कमी को उजागर करता है। प्यार के रिश्ते में ऐसे मौके अक्सर अपनी प्रेमिका के घरवालो को मनाने में आ सकते हैं। ध्यान रहे ऐसी स्थिति में आपकी प्रेमिका के घरवाले आपको भला बुरा कह सकते है, मार–पीट की भी स्थिति आ सकती है। लेकिन अगर आपको अपना प्यार पाना है, तो सब्र और सहनशीलता से काम लेना ही होगा। इसलिए आपको उनके साथ बुरा बर्ताव नहीं करना है। हमने पहले भी जिक्र किया है कि आपको एक–दूसरे के घर वालों का उतना ही सम्मान करना है जितना आप एक दूसरे का करते हैं। आपको सब्र हर हाल में बनाए रखना चाहिए, चाहे स्थिति कितनी भी गम्भीर क्यों न हो, आपको आपा नहीं खोना चाहिए क्योंकि यह आप और आपके प्यार के लिए ज़रूरी है। वरना परिणाम

बुरे हो सकते है। सच्चा प्यार पाना मुश्किल जरूर है लेकिन नामुमकिन नहीं।

मांफी मांगना

इस संसार में सम्पूर्ण कोई नहीं है, दूध का धुला कोई नही है, कोई गलती न करे ऐसा कुछ नही है क्योंकि गलती किसी से भी हो सकती है, चाहे वह कितना भी समझदार क्यों न हों। अगर आप से गलती हो जाती है, तो सबसे पहले अपनी हैसियत भूल कर अपने प्रेमी या प्रेमिका से जितनी जल्दी हो सके माफी मांग ले क्योंकि माफी मांगने से कोई छोटा नहीं हो जाता बल्कि सामने वाले को यह अहसास हो जाता है कि आपको अपनी गलती का अहसास है। कई बार युवा प्रेमी अपनी गलती के बावजूद भी अपनी प्रेमिका से माफी नहीं मांगते क्योंकि वे सोचते है कि वे तो लड़के है और लड़की (प्रेमिका) से माफी मांगी तो उनकी तौहीन हो जाएगी। देखिये, जब तक आपके अन्दर इस तरह का अहंकार भरा है, तब तक प्यार पाना मुश्किल है जबकि कुछ लोग अपने साथी की अपेक्षा उच्च पद या स्तर पर होने के कारण भी गलती होने पर माफी नही मांगते। जबकि आपके साथी को भी मालूम होता है आपकी हैसियत के बारे में, अगर आप गलती होने पर माफी मांगते है, तो इससे आपका व्यक्तित्व आपके साथी की नजरो में निखरता है और दोनों के बीच प्यार बढ़ता है। फिर आपको चाहिए भी क्या? यही ना कि आपका प्यार का रिश्ता सलामत रहे और आपका प्यार यूं ही बढ़ता रहे। लेकिन याद रखें कि किसी भी स्थिति में 'सॉरी की ऑवरडोज' खतरनाक हो सकती है। इसलिए सारे फैंसले सोच–समझकर

ही ले क्योंकि सच्चा प्यार एक बार ही मिलता है, बार–बार नही। सामने वाले इन्सान को भी माफी मांगने वाले को माफ कर देना चाहिए क्योंकि ज्यादा लम्बी नाराजगी आपके प्यार के रिश्ते को प्रभावित करती है। इसी कारण कई बार रिश्ते टूट जाते हैं और फिर आपके पास रोने और पछताने के अलावा और कुछ नहीं बचता। इसलिए अपने रिश्ते में संतुलन बनाकर रखे और एक दूसरे की भावनाओं का पूरा ख्याल रखे। अपने रिश्ते को मजबूती और मधुरता देना आपके हाथ में है।

कुछ अलग करें, नया करें

प्रत्येक व्यक्ति के अन्दर कोई न कोई रचनात्मकता अवश्य होती है। अगर सच्चा प्यार पाना है, तो परम्परागत रूप से वही न करें, जो आप करते हैं बल्कि कुछ नया सोचें। जैसे अपने साथी के जन्मदिन को एक बेहतर अन्दाज में मनाना, ऐसे मनाना कि वो आपके साथी के लिए यादगार लम्हा बन जाए। आप ऐसा कुछ कर सकते हैं, जो उनके लिए सरप्राइज हो। यह सब आपकी रचनात्मक सोच पर निर्भर करता है क्योंकि अगर कुछ नये तरीके हम बता भी दें, तो वे इस किताब के जरिये सभी को पता चल जाएंगे। इसलिए कुछ रचनात्मक व नया स्वयं करें क्योंकि इसी का महत्व आप और आपकी प्रेमिका या प्रेमी के लिए होगा।

प्रेमी-प्रेमिका जब कभी घूमने जाएं

प्रेमी जोड़ो में सबसे ज्यादा क्रेज एक दूसरे के साथ बाहर घूमने जाने का होता है। वैसे साथ–साथ कहीं घूमने जाना आपके

प्यार को और बढ़ाता है। और साथ–साथ घूमने से आपकी ज़िन्दगी के कई यादगार लम्हें जुड़ जाते हैं, जो नकारात्मक और सकारात्मक दोनों ही हो सकते हैं। अगर आप चाहते हैं कि जब कभी आप अपने प्रेमी या प्रेमिका के साथ घूमने जाये तो सकारात्मक यादगार लम्हों को ही साथ लाए, जो आपको हमेशा आनंदित करने के साथ–साथ आपके प्यार को बढ़ाने का भी काम करे इसके लिए आपको कुछ बातों का ध्यान रखना होगा–

- ❖ कहीं भी घूमने जाने से पहले जहाँ आपको जाना है, उस जगह के बारे में सारी जानकारी जुटा लें। आपके पास उस जगह का पूरा सही पता मैप के साथ, लोकेशन, खाने–पीने की दुकान और शौचालय जैसी चीजों के बारे में अवश्य पूरी जानकारी होनी चाहिए क्योंकि इससे आप उस स्थान और दूसरी चीज़ों को ढूंढ़ने के चक्कर में नहीं भटकेंगे। आपका वक्त भी बर्बाद नही होगा साथ ही आप और आपका प्रेमी या प्रेमिका अपनी इस यात्रा का लाभ उठा पाएंगे। आप ऐसा करके कॉनफिडेन्ट फील करेंगे।
- ❖ एक ही स्थान पर बार–बार घूमने न जाएँ क्योंकि इससे साथ–साथ घूमने के इंट्रेस्ट में कमी आ सकती है।
- ❖ सच्चा प्यार करने वाले कभी अपने प्यार की तौहीन नही करते। इसलिए आप जहाँ जाए वहाँ शालीनता बनाए रखें और अश्लील हरकतें नहीं करें।
- ❖ सच्चे प्रेमी होने के साथ–साथ अच्छे नागरिक की भूमिका निभाएं और वहाँ के नियमों का पालन करें।
- ❖ जब कभी घूमने जाएं तो कैमरा अपने साथ जरूर ले जाएं

और अपने साथी के अच्छी–अच्छी साइटस पर फोटो ले और खुद भी उनके साथ फोटो जरूर खिचवाएँ।

- जब घूमने जाएं तो एक–दूसरे की पसन्द ना–पसन्द का पूरा ख्याल रखें और एक–दूसरे के जजबातों को समझे।
- अपने साथ प्राथमिक चिकित्सा का सामान जरूर लेकर जाएं और इस कार्य की सामान्य जानकारी भी रखें ताकि जरूरत पड़ने पर आप स्वयं उपचार कर सके और आपकी इस यात्रा में कोई रूकावट न आए।
- खाना साथ–साथ खाएं और अपने हाथो से खिलाएं, आप कुछ घर से भी बना कर ला सकते है।
- ज्यादातर एक दिन में एक जगह पर ही जाएं तो ज्यादा अच्छा होगा क्योंकि ऐसा करके आप ज्यादा अच्छा महसूस करेगें। आप वहाँ वक्त बिताएं नहीं बल्कि उन प्यार के लम्हों को जी लें और उन्हें यादगार बनाने की कोशिश करें। क्योंकि प्यार में ज़िये गये पल सबसे हसीन होते हैं। इसलिए इस हसीन मौके का पूरा लाभ उठाए। अगर आप एक दिन में एक ही स्थान घूमते हैं, तो आप दोनो थकेंगे भी नहीं और आपकी यात्रा भी मज़ेदार होगी।
- अपना सामान खासकर रूपये और मोबाइल सम्भाल कर रखे। अगर हो सके तो मोबाइल में सेव सारे नम्बर अपने साथ एक डायरी में लिखकर रखे क्योंकि मोबाइल खो जाने की स्थिति में आप जरूरत पड़ने पर उस डायरी का इस्तेमाल करके अपने आप को बचा सकते हैं। यह बात मामूली बेशक हो लेकिन जो आपका साथी आपके साथ

होता है उस पर बड़ा सकारात्मक प्रभाव पड़ता है।

- जब आप घूमने जाएं तो अपने साथी को पूरी अहमियत दें उन्हें ज्यादा से ज्यादा समझने की कोशिश करें। कभी उन्हें अकेला न छोड़े। ऐसी कोई बात न करें जिससे कोई विवाद या तनाव उत्पन्न हो क्योंकि आपको अपने साथ सकारात्मक यादें लेकर जाना है। जो आपके प्यार को सीचेंगा।
- प्यार में सबसे ज्यादा ज़रूरी होता है एक दूसरे का ख्याल रखना। एक–दूसरे को बेहतर ढंग से समझना। जब आप एक–दूसरे के साथ घूमने जाएं, तो आपको एक–दूसरे के बारे में जानने समझने का पूरा मौका मिलता है। आप दोनों एक–दूसरे के सम्मान का पूरा ख्याल रखें।

डेटिंग और वेटिंग

जब आप कभी घूमने या डेट पर जाते है तों समय और जगह तो निश्चित कर लेते हैं लेकिन कई बार आप में से कोई एक लेट हो जाता है। जबकि दूसरा जो पहले पहुँच चुका होता है वह गुस्सा करता है। देखिए, यहाँ गुस्सा होने की कोई जरूरत नहीं है क्योंकि कई कारणों की वजह से आपका साथी लेट हो सकता है। लेकिन आप इस दौरान अपनी डेट को यादगार बनाने के तरीके सोच सकते हैं, बजाए परेशान होने के। ऐसा करने से आप अपने साथी को प्रभावित कर पाएंगे और उन्हें बहुत अच्छा लगेगा। अगर आप डेटिंग को अपना अधिकार समझते हैं तो पेटिंग को अपना कर्तव्य समझें क्योंकि बिना कर्तव्यों के अधिकार अधूरे होते हैं। इसलिए बुरा न माने, परेशान न हो और समय का सद्उपयोग करें क्योंकि जिन पर आप

गुस्सा होते हैं, वे आपसे ही तो मिलने आ रहे हैं। रास्ते में किसी के साथ कोई भी परेशानी हो सकती है। अगर आप देर से आने वाले अपने साथी पर गुस्सा करते हैं, तो आप निश्चित रूप से उनकी परेशानी बढ़ाएंगे। इसलिए आप उनसे पूछे कि सब कुछ ठीक है न? रास्ते में आने में कोई परेशानी तो नहीं हुई न? गर्म जोशी से उनसे मिलें। वेटिंग के दौरान पैदा हुए तनाव को भुला दें। याद रखे कभी भी अपनी प्रेमिका को इन्तजार न कराएं क्योंकि इससे उनको परेशानी, खा़स तौर पर सुरक्षा सम्बंधी परेशानी होगी और प्रेमिका की सुरक्षा की जिम्मेदारी भी आपकी ही है। अगर आप वक्त पर आते है, तो प्रेमिका को पता चलेगा कि आप अनुशासनप्रिय है और अगर कभी आपको अपनी प्रेमिका की प्रतीक्षा करनी भी पड़ती है, तो धैर्य से करते है और गर्म जोशी से मिलते हैं। इससे उन्हें लगेगा कि आप धैर्यव्रान होने के साथ–साथ खुशमिजाज और ज़िन्दादिल इन्सान भी हैं।

अनुशासन, धैर्य और ज़िन्दादिली से परिपूर्ण बर्ताव सचमुच सच्चा प्यार और मुकाम पाने में हमेशा मददगार है।

प्यार की शुरूआत

प्यार संसार की सबसे खूबसूरत चीज है और प्यार दुनियाँ को कुदरत का सबसे बेहतरीन उपहार है। जिसे सच्चा प्यार मिल जाए वह दुनिया का सबसे खुशनसीब इन्सान होता है। प्यार के बिना जिन्दगी क्या है? प्यार तो वह अहसास है, जिसकी पशु–पक्षियों से लेकर हर इन्सान को जरूरत होती है। क्योंकि प्यार के बिना ज़िन्दगी जीना बहुत मुश्किल है। अगर ज़िन्दगी में सच्चा प्यार है तो आप कई बुराईयों से हमेशा बचे रहते हैं। सच्चा प्यार होने का मतलब यह बिल्कुल नहीं है कि व्यक्ति स्वार्थी या आत्मकेन्द्रित हो जाता है। बल्कि प्यार में व्यक्ति चोरी, रिश्वत, लूटपाट छेड़छाड़ और दुष्कर्म जैसी भीषण सामाजिक बुराईयों से बचा रहता है, या बचता है। शायद इसलिए ही 'विर्गिल' ने कहा है कि "प्यार सबको जीत लेता है, हमें प्यार के आगे आत्मसमर्पित होने दो।"

प्यार से व्यक्ति का व्यक्तित्व निखरता है, वह परिपक्व इन्सान बनता है क्योंकि सच्चा प्यार करने वाला व्यक्ति ईमानदार और अपने उद्देश्य के प्रति समर्पित होता है परिणाम स्वरूप वह एक कामयाब इन्सान बनता है। इसलिए कहा जाता है कि एक कामयाब आदमी के पीछे एक औरत का हाथ होता है और यही बात एक औरत पर भी लागू होती है।

जैसे–जैसे जमाना बदला है, समृद्ध हुआ है, वैसे–वैसे लोगों के लिए प्यार करना आसान हुआ है क्योंकि सूचना

तकनीकी ने लोगों में नजदीकिया बढ़ा दी है। लेकिन दुख की बात यह है कि लोगों ने इस तकनीक का इस्तेमाल अपने प्यार को मज़बूत बनाने और बढ़ाने में कम बल्कि दूसरों की जिन्दगी में अनावश्यक हस्तक्षेप करने के लिए ज्यादा किया है। किसी को बिना मतलब प्यार के सन्देश भेजते रहना प्यार नहीं है। किसी को देर–सवेर कॉल करके प्यार के प्रस्ताव रखना प्यार नहीं हैं। किसी को अश्लील मैसेज भेजकर परेशान करना प्यार नहीं है बल्कि यह तो सरासर जबरदस्ती है और प्यार में जबरदस्ती के लिए कोई स्थान नहीं है। क्योंकि प्यार तो, जैसा कि अरस्तु कहते हैं कि 'दो शरीरों में बसते हुए एक आत्मा में बनता है।' प्यार तो दो दिलों में परस्पर धीरे–धीरे विकसित होने वाले भावनात्मक संम्बंधों का नाम है। आज कल हम देखते है कि किसी लड़के ने किसी लड़की को देखा और अगर वह उसे अच्छी लगी तो बस प्यार जताना शुरू और लड़की ने इन्कार कर दिया तो उसे सताना शुरू। हद तो तब होती है, जब किसी के बार–बार मना करने पर लड़का उसे प्यार के नाम पर तंग करता रहता है और कहता है कि तुम्हें एक दिन मेरे प्यार का अहसास हो जाएगा। बस फिर क्या ज्यादा परेशान होकर लड़की या तो खुदकुशी कर लेती है या फिर पागल दीवाना उस पर तेज़ाब डाल देता है। क्या इसे प्यार कहा जा सकता है? यह न तो प्यार है न दिवानापन बल्कि यह तो सनकीपन है और किसी की जिन्दगी में जबरदस्ती का हस्तक्षेप। क्योंकि प्यार में कोई अपने साथी को चोट नहीं पहुँचाता, कभी दर्द नहीं देता, परेशान नहीं करता, देर–सवेर, रात–बेरात अपने साथी को कॉल–मैसेज करके परेशानी में नहीं डालता और न ही वह अपने दोस्तों के

सामने अपशब्द कह सकता। जबकि हम आये दिन अखखारों में यही पढ़ते है कि प्यार से इन्कार करने पर सिरफिरे ने लड़की को गोली मारी या चलती राह में बाईक सवार ने तेजाब फेंक दिया। टी.वी. चैनल्स पर भी ऐसी खबरे खूब देखने को मिलती हैं। जो व्यक्ति ऐसी हरकत कर सकता है वह प्यार कभी कर नहीं सकता। ऐसे आचरण को न तो सभ्य आचरण माना जा सकता, न ही प्यार। प्यार करने के लिए या प्यार पाने के लिए जोर–जबरदस्ती, धमकी या किसी हथियार की जरूरत नहीं होती बल्कि दिमाग और अच्छे चरित्र की जरूरत होती है। प्यार की शुरूआत के लिए कुछ जरूरी बातें

प्यार में जल्दबाजी कभी नहीं

कभी भी किसी को देखते ही प्यार का प्रस्ताव नहीं रखना चाहिए क्योंकि इस दिशा में उठाया गया कदम हमेशा खतरनाक होता है। अगर आपके टच में कोई नया इन्सान आता है, तो जरूरी है कि आप उसे समझने में वक्त लगाए और खासकर प्यार करने जैसे निर्णय लेने से पहले क्योंकि कई बार लोग इन्सानियत के आधार पर आपकी मदद करते हैं, आपके दुख दर्द में साथ देते हैं। हमदर्दी रखते हैं। अगर आप इसे प्यार समझने लगे तो गलत है। क्योंकि आप भ्रम से बाहर निकले बिना ही सामने वाले को प्यार का प्रस्ताव रख देंगे तो आपको इन्कार भी सुननी पड़ सकती है। तब क्या होगा? पैरों तले से जमीन निकल जाएगी। अपनी इस हालत के लिए आप सामने वाले को धोखेबाज या जिम्मेदार नहीं ठहरा सकते क्योंकि गलती आपकी है कि वे तो हमदर्दी और इन्सनियत के खातिर आपकी

मदद कर रहे थे और आप इसे प्यार समझ बैंठे। इसलिए प्यार में कभी जल्दबाजी न करें, सोच समझकर फैसला लें क्योंकि गलत फैसले न केवल वर्तमान को प्रभावित करते हैं बल्कि भविष्य को भी परेशानी में डालते हैं।

प्यार में जबरदस्ती कभी नहीं

आपको कोई अच्छा लग सकता है, पर यह जरूरी नहीं कि आप भी उसे अच्छे लगे हो। आपको किसी से प्यार हो सकता है, पर यह जरूरी नहीं कि वह भी आपको प्यार करे या उसको भी आप से ही प्यार हो। इसलिए जब आप किसी के सामने प्यार का प्रस्ताव रखे और अगर वह आपको मना कर दे, तो आपको सम्मान पूर्वक पीछे हट जाना चाहिए क्योंकि जिस प्रकार कोई व्यक्ति जानबूझ कर गरीब या अमीर, हिन्दू या मुस्लिम के घर में पैदा नही होता है बल्कि यह ऊपर वाले के ऊपर निर्भर होता है कि वह कहाँ पैदा होगा। उसी प्रकार कौन आपको प्यार करेगा यह भी ऊपर वाले के ही हाथ में है। हाँ किसी से प्यार हो जाने के बाद उसे बनाए रखना और मजबूत बनाना आप और आपके व्यवहार पर निर्भर करता है। अगर कोई आपको प्यार नहीं करता है, तो प्यार के लिए उसे मजबूर करने का आपको कोई हक नहीं है, अगर आप फिर भी किसी के पीछे पड़े हैं, तो यह उसके जीवन में डाका डालने जैसा ही है। क्योंकि जो लोग मना करने पर भी पीछे पड़े रहते हैं और मैसेज, कॉल, मिस कॉल, ई–मेल से बार–बार उन्हें खुद से प्यार करने के लिए मजबूर करने की कोशिश करते है, क्या उनकी इस हरकत को प्यार माना जा सकता है? नहीं, हमारे अनुसार बिल्कुल नहीं

क्योंकि आप जबरदस्ती से प्यार कभी नहीं पा सकते। जो अहसास दिलो–दिमाग में स्वाभाविक और प्राकृतिक रूप से आता है, उसे जबरदस्ती नहीं लाया जा सकता।

अपनी इच्छा दूसरों पर थोपना प्यार नहीं

प्यार अपने आप में अनमोल है लेकिन किसी पर अपनी इच्छा थोपना प्यार बिल्कुल नहीं है क्योंकि बुनियादी तौर पर जो लोग एक दूसरे को प्यार करते है वे एक–दूसरे की इज़्जत भी करते हैं। किसी व्यक्ति के जिन गुणों के कारण आप एक तरीके से उसकी तरफ खींचे चले जाते हैं, उसे चाहने लगते हैं, उसके प्रति एक आदर भाव भी आपके मन में होता है। यह बात अपने आप में सिद्ध है कि जितनी अधिक इज़्जत की भावना आपके मन में किसी के लिए होती है, उसके प्रति उतना ही गहरा प्यार भी होता है। इसलिए प्यार में आदर भाव का विशेष महत्व होता है क्योंकि चाहे बात अपने साथी का ख्याल रखने की हो या साथ देने की या हमेशा साथ होने का अहसास कराने की, त्याग या समर्पण की सभी के साथ आदर भाव हमेशा होगा अन्यथा ये सारे गुण दिखावा मानें जाएंगे सच्चा प्यार करने वाले हमेशा अपने इन गुणों को विकसित करते हैं और ज्यादा निखारते हैं। इसलिए ही शायद एक जगह पर महान वैज्ञानिक अल्बर्ट आंइन्सटीन ने कहा हैं कि 'लोगों' को प्यार हो जाने के लिए गुरूत्वाकर्षण जिम्मेदार नहीं हैं।' आंइन्सटीन का इशारा यही स्पष्ट करता है कि प्यार होना स्वाभाविक है और किसी पर अपनी इच्छा थोपकर प्यार नहीं किया जा सकता।

वर्तमान समय में ऐसे काफी जोड़े मिल जाएंगे जो कहने को तो, एक–दूसरे को बहुत प्यार करते हैं और एक दूसरे के टच में भी काफी समय से हैं लेकिन एक दूसरे की इज्जत नहीं करते भाषा पर काबू नहीं रखते कुछ भी बोल देते हैं। इसे किस हद तक प्यार माना जाए? सबसे पहले आपको अपना और सामने वाले का सम्मान करना आना चाहिए। देखिये, काबिले गौर बात तो यह है कि माता–पिता द्वारा तय कराई गई शादी भी तभी चलती है जब पति–पत्नी एक दूसरे को मानसिक रूप से स्वीकार करते हैं और आपसी सहमति कायम करके आगे बढ़ते हैं लेकिन एक तरफा प्यार में न तो किसी तरह की सहमति है और नहीं मानसिक आधार पर स्वीकारोक्ति, तो फिर किसी पर प्यार के लिए दबाव क्यों? उसकी हत्या क्यों? वास्तव में प्यार तो सांझा संवाद और परस्पर समझदारी से ही हो सकता है। किसी पर अपनी इच्छा थोपने भर से नहीं और किसी पर अपनी इच्छा थोपना प्यार नहीं हैं बल्कि यह तो अपने और उसके वजूद को नकारने जैसा है। आपको अपनी इच्छाएँ किसी पर थोपने और उसका जीवन परेशानी में डालने का कोई हक नहीं है।

किसी भ्रम में न रहे प्यार को लेकर

आजकल समाज में सोच कुछ ऐसी बन रही है कि कुछ लड़के सोचते हैं कि प्यार चाहिए तो पहले पैसा होना चाहिए क्योंकि लड़की पैसे के पीछे आती है। यह बात सच नहीं है बल्कि सच यह है कि पैसा ऐसी चीज है जो सबकी जरूरत है। प्यार को न तो खरीदा जा सकता है, न ही बेचा जा सकता है

क्योंकि काबिले गौर बात यह है कि अगर कहीं ऐसा होता भी है, तो वहाँ प्यार नहीं, बल्कि जिस्म बेचा जाता है। क्या पैसे से प्यार खरीदा जा सकता है? क्या पैसे से भावनाएँ खरीदा जा सकती है? क्या पैसे से स्वाभाविक रूप से पैदा होने वाला अहसास अंकुरित किया जा सकता है? अगर पैसे के द्वारा प्यार पाया जाता तो, कोई अपने प्यारे साथी के चले जाने पर इतना रोता क्यों अपनी ज़िन्दगी को मिटाने की कोशिश करता है? क्योंकि प्यार पैसे से नहीं मिलता वरना सब खरीद लेते। कोई रिश्वत देकर खरीदता तो कोई किसी नेता या अधिकारी की सिफारिश लगवाकर प्यार पा लेता। हकीकत यह है कि जो लोग सच्चा प्यार करना जानते हैं, जिनकी सोच, व्यवहार अच्छे है वही लोग सबके द्वारा पसन्द किये जाते हैं। इसलिए किसी प्रकार के भ्रम से निकल अपने अन्दर अच्छे गुणों का विस्तार करें क्योंकि हर कोई चाहता है कि उसका साथी ऐसा हो जिस पर वह गर्व महसूस करे। पैसा भी जरूरी है लेकिन प्यार पाने की प्रथम कसौटी नहीं। यह बात हमेशा ध्यान रखें कि कम पैसे से काम चल सकता लेकिन प्यार में बेईमानी और शक से ज़िन्दगी नहीं चल सकती। अगर जिन्दगी में सच्चा प्यार है तो ज़िन्दगी इतनी हसीन होगी कि आप सोच भी नहीं सकते लेकिन पैसा ज़िन्दगी में कभी वो संतुष्टि और खुशी नहीं दे सकता जो सच्चा प्यार दे सकता है। इसलिए ही महान कवि रोबर्ट फॉर्स्ट कहते है कि 'प्यार इतनी प्रबल इच्छा है जिसे दबाया नहीं जा सकता बल्कि इसमें स्नेह की भावना ओर ज्यादा बढ़ती है। अतः प्यार को प्यार ही समझना चाहिए और किसी पर ऐसे आरोप भी नही लगाने

चाहिए कि वह प्यार नही पैसे के पीछे भागते है। अपने वास्तविक गुणों का विस्तार करें, आपके सपने जरूर पूरे होंगे।

लड़कियों की सबसे बड़ी भूल उनके रोने का कारण बनती है–

कुछ लड़के शरीर और चेहरे से बहुत सुन्दर और अच्छे होते है और उनमें कोई खास गुण भी होता लेकिन उनमें बहुत सारी गलत आदतें भी होती हैं। जैसे–शराब पीना, लड़ना, जुआ खेलना और अन्य। कुछ लड़कियाँ उनकी सारी बुराईयों को जानते हुए भी उनके गुण विशेष के कारण उन पर मरती है क्योंकि वे इतनी ज्यादा आशावादी हो जाती है और सोचती है कि वे एक दिन लड़के को जरूर बदल देंगी और लड़का उन बुराईयों से दूर होकर उसे उतना ही प्यार करेगा जितना कि वह खुद करती हैं। पर ऐसा नहीं है क्योंकि ज्यादातर लड़के अपनी आदतों को नही बदलते बल्कि उनके सामने थोडी देर के लिए बदलने का नाटक करके अपना उल्लू सीधा करते हैं। परिणाम स्वरूप लड़की उससे और गहरा प्यार करती चली जाती है। ऐसी स्थिति में लड़कियों को कई तरह की परेशानियों का सामना करना पडता है। इसके बावजूद ऐसा बहुत ही कम होता है कि लड़के बदलते हो बल्कि लड़के ही उन्हें भगा देते है। लड़कियों की यह अति आशावादिता का परिणाम रोने के रूप में सामने आता है।

अगर आप सच्चा प्यार पाना चाहते हैं तो आपको खुद भी गुणवान होना होगा और जो चीजे आपके साथी को आपमे गलत लगती है, उन्हें स्वीकार करते हुए, उनमें सुधार करना होगा।

क्योंकि सचमुच अच्छे लोग वही होते है, जो आपकी कमियो को आपके सामने रखते हैं और उन्हें दूर करने का उपाय करते हैं। ऐसा साथी पाना ही सचमुच गर्व की बात है लेकिन कुछ लोग इतने अहंकारी होते है कि वे अपने तरीके से चलते है और किसी के कहने से भी कुछ नहीं बदलते क्योंकि वे अपने आपको श्रेष्ठ मानते हैं। अगर कोई लडकी ऐसे इन्सान को चाह बैठी तो वह कभी भी उसे सुधार नही सकती और कई बार तो स्थिति इतनी जटिल हो जाती है कि वे चाह कर भी उनके जाल से बाहर नही आ सकती। ऐसे में रोने और खुद को कोसने के अलावा ओर कुछ नहीं बचता।

जब कोई लगने लगे प्यारा

जब कोई आपको अपना लगने लगे, प्यारा लगने लगे, जिसके बिना जीना अधूरा लगे और जब आपको किसी भी तरह से यह पता हो कि जिसे आप चाहते हैं, वह भी आपको चाहता है। पहले तो आपने इस रिश्ते को दोस्ती से शुरू किया होगा मगर आज लगता है कि दोनो एक दूसरे को बहुत चाहते हैं, बहुत ख्याल रखते है, हर परेशानी में साथ देते हैं। एक–दूसरे की तारीफ एक–दूसरे के सामने ओर पीठ पीछे भी करते हैं। बस इन्तज़ार है, तो इस बात का कि कौन प्यार का इज़हार करे? कैसे कहे अपने दिल की बात? शुरू कैसे करें? देखिए अब डरने का वक़्त नहीं है, बस ईश्वर–अल्लाह का नाम लेकर चुपके से, धीरे से अपने दिल की बात कह दीजिए और पहल लड़का ही करे, तो ज्यादा अच्छी बात है क्योंकि अगर लड़कियाँ यह सोचती हैं कि आधुनिक जमाना है और अगर वे खुद ही

पहल करेंगी तो कोई फर्क नहीं पड़ेगा। देखिए फर्क पड़ेगा और पड़ता हैं क्योंकि अभी हम इतने आधुनिक नही हुए है। इसके पीछे तर्क यह है कि प्यार की पहल करने वाली लडकियो को भारतीय लडके स्वभावगत अच्छी नही मानते।

इसके बावजूद वे उन्हें अस्वीकार तो नही करते पर प्यार भी कम ही करते है या नही करते क्योंकि ऐसी लडकियो को वे बदचलन समझते है। ये बात सच्चाई से पूर्ण है कि सभी ऐसे नही होते फिर भी लडका ही प्यार का प्रस्ताव रखे तो ज्यादा अच्छा है। वैसे प्यार में असमानता के लिए कोई स्थान नही है क्योंकि प्यार बराबरी के धरातल पर टिका होता है। प्यार एक दम नही होता बल्कि ऑखो से शुरू होकर दिलो दिमाग तक जाता है और समय के साथ बढ़ता है और मजबूत होता है।

प्यार का वैज्ञानिक पक्ष

कई बार आपने लोगों को यह कहते सुना होगा कि उन्हे किसी से पहली ही नज़र में प्यार हो गया। ऐसा क्यो होता है? इसका मुख्य कारण यह है कि मनुष्य बाहर से बिल्कुल सामान्य दिखते है लेकिन उनके दिमाग और शरीर में कई प्रकार के हार्मोन्स सक्रिय होने लगते हैं। जिससे उस पर प्यार की खुमारी छाने लगती है। दरअसल जब आप प्यार में होते है, तो शरीर में कई प्रकार के हार्मोन्स का रिसाव होने लगता है। जिसका प्रभाव कई प्रकार के नशे से ज्यादा होता है।

साइक्रेटिस्टस मानते है कि भावनात्मक अहसास का रूप ही प्यार है। जब आप भावुक होते है, तो शरीर में हार्मोन्स का

उतार–चढ़ाव होता है।

बत्रा अस्पताल के न्यूरोसर्जन डा० राजीव चौधरी मानते है कि जब आप एक दूसरे से प्यार करते है, तो कई हार्मोन्स जैसे–डोपामीन, एड्रिनेलिन, एंडोक्रिम का रिसाव होता है। जिससे आपकी कई शारीरिक क्रियाएँ प्रभावित होती है जैसे–दिल की धड़कन का बढ़ना, तेज–तेज सांस लेना। अब हम उन हार्मोन्स के बारे में थोडी चर्चा करना चाहते है जो प्यार के लिए जिम्मेदार होते है या प्यार को प्रभावित या निर्धारित करते है।

1- डोपामीन

डा. अनिल कहते है कि डोपामीन को आनंद का रसायन भी कहा जाता है क्योंकि यह परम सुख की भावना उत्पन्न करता है। यह हार्मोन तब निकलता है जब प्यार करने वाले कि नजरे अपने साथी को चारों ओर ढूढ़ते हुए एकाएक एक–दूसरे से मिल जाती है। डोपामीन और नॉट– ऐपिनेफ्रिन मन को उल्लास से भर देते हैं और इन्ही हार्मोस से इन्सान को प्यार में ऊर्जा मिलती है। डोपामीन प्यार करने वालों के मन पर नशे की तरह प्रभाव डालता है लेकिन लम्बे समय तक साथी के साथ रहने पर इसका रिसाव कम होने लगता है।

2- फिनाइल इथाइलएमीन

आपने सुना भी होगा और खुद भी महसूस किया होगा कि जब आपको किसी से पहली बार प्यार हुआ और आप उन्हें प्रपोज करने के वक्त लम्बी लम्बी सांसे ले रहे थे। दिल की धड़कन तेज हो गई थी। इतना ही नहीं हथेली पर या माथे पर

पसीने भी हल्के–हल्के आ गये थे। ऐसा होता है क्योंकि हमारे शरीर में ऐसे वक्त फिनाइल इथाइल एमीन नामक हार्मोन का स्त्राव होने लगता है।

3- एड्रिनेलिन

एड्रिनेलिन हार्मोन के स्त्राव से अपने प्यार को पाने की तीव्र बेचैनी होती है। इसी हार्मोन के स्त्राव से दिल की धडकन बढ़ने लगती है। यह शरीर में कंपकंपी भर देता है। यही हार्मोन आपको अपने प्रेमी या प्रेमिका से मिलने को प्रेरित करता है।

4- ऑक्सीटोसिन

ऑक्सीटोसिन हार्मोन ही मनुष्य को अपना प्यार पाने के लिए उत्साहित करता है। इस हार्मोन का स्त्राव ही प्यार की भावनाओं को भयमुक्त करने का काम करता है। आक्सीटोसिन को लाड का रसायन भी कहते है क्योंकि यह प्यार में चुम्बन, शारीरिक स्पर्श, हाथ में हाथ थामे रखना, सटकर सोना आदि स्थितियों को ऑक्सीटोसिन ही संचालित और नियन्त्रित करता है।

ये हार्मोस भी स्वय कार्य नही करते बल्कि किसी व्यक्ति को जब दूसरा इन्सान पसन्द आता है, तब उसकी आदत, उसका व्यवहार और उसके विचार भी इनकी तीव्रता या किसी के प्रति स्त्राव की समाप्ति निर्धारित करते है। जैसे शुरू में कोई अच्छा लगा किसी को और उसने उससे अपने दिल की बात कह भी दी लेकिन कुछ दिन रिलेश्नशिप चली और आगे चलकर टूट गई। इसके पीछे व्यक्ति का व्यवहार, उसकी आदत और उसके नाकारात्मक विचारों का वास्तविक रूप सामने आने के कारण

किसी के दिल में नफरत पैदा होने लगती है। परिणाम स्वरूप उसके प्रति शरीर में इन हार्मोन्स का स्त्राव कम होने लगता है और धीरे–धीरे समाप्त हो जाता है परिणाम यह होता है, उसके प्रति प्यार भी समाप्त हो जाता है।

Note- इन रसायनो से सम्बंधित जानकारी डा. अनिल भदौरिया के लेख (सेहत मैगजीन में प्रकाशित) तथा प्रॉग्रामिग ऑफ लव (दैनिक जागरण) से लिया गया है। क्रमशः 2011, 2010 फरवरी।

प्यार का इजहार

प्यार का इज़हार करना पुराने जमाने के बड़े–बड़े प्रेमियों से लेकर आज के मॉर्डन प्रेमियों के लिए भी आसान नही रहा है क्योंकि किसी के प्रति प्यार में होने के बाद यह जटिलता सभी के सामने आती है कि वे अपने प्यार का इज़हार कैसे करे? किस तरह उनका प्यार का प्रस्ताव स्वीकार कर लिया जाए या इस दिन को कैसे यादगार बनाया जाये? कई बार तो इसी उलझन में महीनों गुजर जाते हैं कि प्यार का इज़हार लड़का करे या लड़की, तो कई बार प्यार का इज़हार करने का तरीका खोजने में भी दिन बीत जाते हैं।

देखिये यहाँ हम ऐसी कोई बात नहीं बता रहे हैं जिस पर आप अमल करके अपने प्यार का इजहार करे और हम बता भी नही सकते क्योंकि यह प्रत्येक व्यक्ति की सोच पर निर्भर करता है कि वह कैसे अपने उस लम्हें को यादगार या कामयाब बनाए। अगर हम कुछ तरीके बता भी दे, तो उनका अनुसरण करना भी मुश्किल है क्योंकि उस वक्त परिस्थिति बदल जाती है, हाथ–पैर कांपने लगते हैं, दिल की धड़कन तेज होने लगती है और अजीब सा डर भी लगता हैं। ऐसी स्थिति में पूर्व नियोजित तरीके कम ही काम आते हैं। इसलिए आप जो कुछ भी करे, सोच–समझकर करें।

गुलाब के फूलों (विभिन्न रंग के) का मतलब

गुलाब का फूल एक औषधीय फूल है, जो व्यक्ति की अनेक बिमारियों को दूर करने के लिए इस्तेमाल किया जाता है। जितना यह फूल औषधी के लिए जाना जाता है उससे कहीं अधिक यह प्यार के इज़हार के साधन के रूप में जाना जाता है। गुलाब का फूल प्यार का प्रतीक बन गया है। यहाँ पर हम विभिन्न रंगो वाले गुलाब के फूलों की विशेषताओं का वर्णन कर रहे है, जो आपकी अलग–अलग वक्त में अलग–अलग तरह की भावनाओं को व्यक्त करते है।

A- लाल गुलाब

लाल गुलाब प्यार का प्रतीक है और यह किसी को तभी दिया जाता है जब कोई किसी से प्यार करता है।

B- सफेद गुलाब

सफेद गुलाब किसी के प्रति सम्मान को दर्शाता है आप अपने प्रेमी या प्रेमिका को एक साथ लाल और सफेद गुलाब देकर उनके प्रति अपने प्यार और सम्मान दोनों एक साथ बयां कर सकते हैं। सफेद गुलाब का इस्तेमाल शांति के प्रतीक के रूप में भी किया जाता है।

C- पीला गुलाब–

पीला गुलाब जलन का प्रतीक है।

D- परपल गुलाब

परपल गुलाब सच्चे प्यार का प्रतीक है, जो यह दर्शाता है

कि आप सिर्फ और सिर्फ अपने साथी को चाहते है किसी ओर के लिए आपके दिल में कोई जगह नही है।

E- गुलाबी गुलाब

गुलाबी फूल भोलेपन और सादगी का प्रतीक है।

क्योंकि सभी गुलाब के फूल सभी लोगो को आकर्षित करते है और बाजार में ज्यादातर सफेद लाल और गुलाबी फूलों की उपलब्धता ज्यादा होती है इसलिए लोगों को अन्य गुलाब के फूलों के बारे में जानकारी न के बराबर है। फिर भी गुलाब के फूल प्यार के प्रतीक के रूप में जाने जाते है। हर प्रेमी और प्रेमिका को गुलाब के फूल काफी पसन्द होते हैं इसलिए एक–दूसरे को इनको गिफ्ट करते रहना चाहिए क्योंकि प्यार को बनाए रखने में ये गुलाब के फूल काफी महत्वपूर्ण भूमिका निभाते है।

प्यार और नफरत पर जॉर्ज कार्लिन के विचार

अमेरिकी लेखक जॉर्ज कार्लिन जो पेशे से एक कॉमेडियन थे और उन्होने अपनी कॉमेडी एलबमो के लिए पांच ग्रैमी अॅवार्ड भी जीते लेकिन मनोविज्ञान, धर्म सहित तमाम विषयों पर अच्छी पकड़ के लिए भी उन्हें जाना जाता है। प्यार और नफरत पर उनके अनुभव पर आधारित विचार इस प्रकार हैं–

हमारे समय का विरोधाभास यह है कि हमने इमारते तो बहुत ऊँची बना ली हैं, पर हमारी मानसिकता छोटी हो गई है। लम्बे चौड़े राजमार्गो ने शहरों को जोड़ दिया है, पर दृष्टिकोण संकरा हो गया है। हम खर्च बहुत अधिक करते है, पर हमारे पास कुछ ख़ास नहीं होता है। हम खरीदते ज्यादा है, पर उससे संतुष्टि कम पाते है। हमारे घर बड़े है, पर परिवार छोटे हो गये है। हमने सुविधाएँ बहुत जुटा ली है, पर समय कम पड़ने लगा है हमारे विश्वविद्यालय ढ़ेरो विषयो की डिग्रियाँ बाँटते हैं पर समझ कोई स्कूल नहीं सिखाता। तर्क वितर्क ज्यादा होने लगे हैं लेकिन निर्णय कम सुनाई देते है। हमारे आस पास विशेषज्ञों की भरमार है फिर भी समस्याएँ अपार हैं। दवाईयों से शेल्फ भरा पड़ा है, पर तंदरूस्ती की डिबियाँ खाली हैं।

हम पीते बहुत हैं धुंआ उड़ाते रहते हैं, पैसा पानी की तरह बहाते हैं, हंसने में शर्माते हैं, गाड़ी तेज चलाते हैं जल्दी नाराज हो जाते हैं, देर तक जागते हैं थके मांदे उठते हैं, पढ़ते कम हैं

टी.वी. ज्यादा देखते हैं प्रार्थना तो न के बराबर करते है। हमने सम्पत्ति को कई गुणा बढ़ा लिया है, पर अपनी कीमत कई गुणा घटा दी है। हम हमेशा बोलते रहे, प्यार करना भूलते गये, नफरत की जुबां सीख ली।

हम वायु को स्वच्छ करना चाहते हैं पर आत्मा को मलिन कर रहे हैं। हमने परमाणु को जीत लिया पर पूर्वाग्रह से हार गये। हमने लिखा बहुत पर सीखा कम। हमने योजनाएँ बनाई बड़ी–बड़ी पर काम कुछ किया नहीं। आपा–धापी में लगे रहे सब्र करना भूल गये। कम्प्यूटर बनाए ऐसे जो काम करे हमारे लिए, पर उसने हमसे हमारे रोजगार छीन लिए जीवन यापन करना सीखा, जीवन जीना नहीं। अपने जीवन में हम साल–दर–साल जोड़ते गये, पर इस दौरान ज़िन्दगी कहीं खो सी गई। हम चाँद पर टहलकदमी करके वापिस आ गये लेकिन सामने वाले घर में आये नये पड़ोसी से मिलने की फुर्सत हमें नहीं मिली। हम सौर मंडल के पार जाने की सोच रहे हैं, पर आत्म मण्डल का हमें कुछ पता ही नहीं। हम बड़ी बातें करते हैं, पर बेहतर बातें नहीं। हम खाते है फास्ट फूड लेकिन पचाते सुस्ती से हैं। काया बड़ी है पर चरित्र छोटे हो गये हैं। मुनाफा आसमान छू रहा है पर रिश्ते नाते सिकुड़ते जा रहे हैं। परिवार में आय और तलाक दो गुणा होने लगे हैं।

क्या जमाना आ गया है, इसे आप एक क्लिक से पढ़ सकते हैं, दूसरी क्लिक से किसी ओर को पढ़ा सकते हैं और तीसरी क्लिक से इसे डिलीट भी कर सकते है।

मेरी बात मानें, उनके साथ वक्त गुजारे जिन्हें आप प्यार करते हैं क्योंकि कोई भी किसी के साथ हमेशा नहीं रहता है।

याद रखे उस बच्चे से भी बहुत मिठास से बोले जो अभी आपकी बात नही समझता, एक न एक दिन तो उसे आपसे बात करनी ही है। दूसरों को प्रेम से गले लगाए, आखिर इसमें भी पैसा लगता है क्या?

'मैं तुमसे बहुत प्यार करता हूँ' यह सिर्फ कहे नहीं, साबित भी करें। प्यार के दो मीठे बोल पुरानी कडवाहट और रिसते जख़्मों पर भी मरहम का काम करते हैं।

हाथ थामे रखे, उस वक्त को जी ले। याद रखे लौटकर गया वक्त कभी वापिस नही आता। स्वयं को वक्त दे प्यार को वक्त दें।

जिन्दगी को सांसो से नही नापिए बल्कि उन लम्हों को कैद कीजिए जो हमारी सांसो को चुरा ले जाते हैं।

नोट :– ये महत्वपूर्ण विचार हमें एक कूड़ेदान में पड़े, फटे हुए अखबार में मिले लेकिन अखबार का ऊपरी हिस्सा पूरी तरह गायब था। जिस कारण हम उस अखबार का नाम बताने में असमर्थ हैं।

प्यार के बारे में यह बात बखूबी सच है कि लोग दिखावे की जिन्दगी जी रहे है। अपने आप को दिवाना साबित करने के सिर्फ वादे करते है जबकि खुद वादा करके भूल जाते है और जब वादे याद दिलाए जाते हैं तो लोग कह देते है कि वादे तो भूल जाने के लिए ही होते हैं। प्यार हकीकत पर टिकता है

दिखावे पर नहीं क्योंकि सच्चाई एक न एक दिन तो सामने आ ही जाती है। अगर आप सचमुच सच्चा प्यार पाना चाहते है, तो आपको सबसे पहले सच्चा और पक्का ईमानदार बनना पड़ेगा क्योंकि सच्चा प्यार सच्चाई और ईमानदारी में ही पनपता है।

वर्तमान युग की हकीकत यही है कि हर कोई बहुत पैसा, संसाधन, ऐशो–आराम चाहता है। धैर्य की कमी इतनी हो गई है कि सिर्फ और सिर्फ अपनी खुशी के लिए कई लोग तो अपने घरवालों तक को मार देते हैं। हम जानते है कि किसी भी कार्य की सफलता के लिए बेहतर योजना, उस पर बेहतर कार्य और पूर्ण धैर्य के साथ साथ पूर्ण समर्पण की जरूरत होती है। यही बात प्यार पर भी लागू होती है लेकिन लोग बहुत धैर्यहीन होते जा रहे है। इसका उदाहरण इस तथ्य से लिया जा सकता है कि हमारे समाज में कितनी लडकियो पर तेजाब सिर्फ इसलिए फेंका जाता है कि उन्होंने किसी के प्यार को ठुकरा दिया था। यह धैर्यहीनता के साथ–साथ व्यक्ति के चरित्रहीनता को भी दर्शाता है क्योंकि किसी को किसी की जिन्दगी में डाका डालने का कोई हक नही है।

अगर आप चरित्रवान, धैर्यवान और इन्सानियत के कद्रदान हैं तो ऐसा कुछ नहीं है कि आपको प्यार न मिले। क्या करे यह समाज की विडम्बना है कि दूसरों पर तो लांछन लगाए जाते हैं पर अपना कुछ पता नहीं होता।

लोग तरक्की करके आगे बढ़ जाते है लेकिन वे अपने आप को सहज नहीं रख पाते, घमण्ड उनके सिर चढ़ कर नाचने लगता है जिससे वे दूसरों का सम्मान करना भी भूल जाते हैं।

जिन्दगी और प्यार में घमण्ड हमेशा नुकसान पहुँचाता है क्योंकि लोग जो अपने साथी को भी पैसे की कीमत से आंकते हैं वे सफल होकर भी असफल ही होते है।

प्यार तो अपने आप में कुदरत का मनुष्य के लिए एक बेहतरीन तोहफा है और यह अपने आप में सबसे ज्यादा अनमोल है। किसी को खुद से प्यार करने के लिए जबरदस्ती करना प्यार नहीं है क्योंकि अगर आप किसी से इसके लिए जबरदस्ती करते हैं तो इन्सानियत के खिलाफ काम करते हैं। कार्लिन के विचार कि "शरीर बड़े लेकिन चरित्र छोटे हो गये है" इस बात का संकेत इस बात से मिलता हैं कि कुछ लोग पहले तो खुद एक तरफा प्यार करते हैं और अगर सामने वाला इन्कार करता है, तो उसे जिन्दगी भर कोसते है, न जाने कितने लोगों से उनकी बुराई करते फिरते है और कई बार तो इस हद तक जाते हैं कि वे उन्हें चरित्र हीनता तक का टैग दे देते हैं। उनकी क्या गलती जिन्होंने आपसे प्यार नहीं किया गलती तो आपकी है, जो आपने उन्हें एकतरफा प्यार किया।

यह हमेशा याद रखे कि सिर्फ, 'मैं तुम्हे प्यार करता हूँ' कह देने से प्यार नही होता बल्कि इसको सिद्ध करके दिखाना होता है। छोटे चरित्र वाले लोग न तो प्यार करते है और न ही प्यार को समझते है बल्कि वे किसी को जगह–जगह परेशान और बदनाम करने की कोशिश करते हैं। चरित्र की सच्चे प्यार को पाने में बड़ी ही महत्वपूर्ण भूमिका होती है क्योंकि शुरू से ही शक्ल–सूरत की अपेक्षा चरित्र की अहमियत रही है।

सबसे अहम बात यह हैं कि जिसे आप प्यार करते हैं उसे नजरअन्दाज न करें, कभी उन्हें अकेलापन महसूस न होने दें और अपनी ज़िन्दगी में प्यार के लम्हें खोजकर जी ले, बिताए नहीं क्योंकि गया वक्त कभी वापिस नहीं आता है और प्यार बड़े नसीब वालों को मिलता है। यकीन मानिए, वे लोग बहुत बदनसीब होते है, जिन्हें प्यार नहीं मिलता और वे लोग ओर भी ज्यादा' बदनसीब होते है, जिन्हे प्यार तो मिलता है पर वे पहचान नहीं पाते। इसलिए जिसे भी प्यार करे, बेशुमार करे, कभी अपने मन को कही भटकने न दे, चाहे कोई आपको भटकाने की कितनी भी कोशिश करे क्योंकि सच्चा प्यार बार बार नहीं मिलता।

एक ओर बात हमेशा याद रखें जिन्होंने आपके प्यार के प्रस्ताव को ठुकरा दिया तो इसमें परेशानी की क्या बात है? या उन्हें सताने या समाज में हजारों से उनकी बुराई करने की क्या जरूरत है? यह उनका हक है कि वे आपसे प्यार करे या न करे। हां अगर इन्होंने आपके प्यार के प्रस्ताव को स्वीकार करके कुछ महीने आपके टच में रहकर छोड़ा होता तो निहायत गलत था। मगर जब उन्होंने स्वीकार किया ही नहीं तो उन्हें परेशान करना नैतिक आधार से भी गलत है, इन्सानियत, धार्मिक और कानूनी आधार पर भी गलत है। और यह कमजोर चरित्र और सनकीपन की निशानी है। इससे बचे, सच्चा प्यार आपको मिलेगा।

शादी और प्यार

शादी प्रत्येक इन्सान के जीवन का एक ख़ास लम्हा होता है। हर कोई अपनी शादी को लेकर काफी उत्साहित रहता है और तरह–तरह की कल्पनाओं और भावनाओं में खोया रहता है। बहुत से लोग कहते है कि शादी ऐसा लडडू है जो खाए वह भी पछताए और जो न खाए वह भी ललचाए। पर शादी की तुलना लडडू से नहीं की जा सकती क्योंकि शादी तो प्यार का एक प्यारा रिश्ता है जो कई बार सामूहिक रूप से अभिभावकों द्वारा तय किया जाता है तो कई बार खुद प्रेमी–प्रेमिका अपनी शादी अपने अभिभावकों को राजी करके करते है। शादी चाहे किसी भी रीति से की जाए, चाहे वह लव मैरिज हो या अरेन्ज मगर इसकी मूल भावना एक पवित्र रिश्ते के साथ, जिसमें प्यार, आपसी सहयोग, त्याग, सहानुभूति, धैर्य और समर्पण से जुडी होती है। शादी न केवल दो लोगों को करीब लाती है बल्कि दो परिवारों को भी परस्पर एक–दूसरे के करीब लाकर सहयोग पूर्वक जीवन जीने के लिए प्रेरित करती है।

शादी का मतलब यह नहीं है कि प्यार कही गुम हो जाए बल्कि यह तो वह रास्ता है जहाँ प्यार को उसकी बुलन्दियों पर पहुँचाया जाए। शादी आज भी भारत में ज्यादातर अरेन्ज ही होती है। अगर शादी लव प्लस (+) अरेन्ज हो, तो शादी का मजा दुगना हो जाता है क्योंकि भारत में शादी बहुत सारी रस्मों–रिवाजों के साथ की जाती है, जो नये शादीशुदा जोड़ों को

तमाम खुशियाँ देने का काम करती है। प्यार शादी की सफलता के लिए बहुत जरूरी है क्योंकि बिना प्यार, सहानुभूति और जरूरी देखभाल के अभाव में तो जानवर भी आपके पास रहना पसन्द नहीं करता। इसलिए यह जरूरी हो जाता है कि जो इन्सान आपके घर में नया आया है, उसे घर में पूरा सम्मान, प्यार और सहानुभूति मिले ताकि परिवार के साथ वह अपने आप को असहज महसूस न करें।

कुछ लोग कहते है कि शादी बर्बादी है, ऐसा कहने वालों में शादी–शुदा और कुंवारे दोनों ही शामिल है। फिर क्यों शादी शुदा शादी अटेन्ड करते हैं और क्यों कुंवारे शादी करवाते हैं? दरअसल जो लोग ऐसे तर्क देते फिरते हैं, वे न तो अपने बीवी बच्चों के प्रति अपनी जिम्मेदारी जानते हैं और न ही शादी का महत्व समझते हैं। शादी का महत्व भारत में तो बहुत ज्यादा है क्योंकि यहाँ पर शादी को जन्म–जन्म का साथ निभाने के एक रिश्ते और प्यार तथा परस्पर सहयोग के आधार पर देखा जाता है।

आज जगह–जगह हर समुदाय में यह देखने को मिल रहा है कि शादियाँ तेजी से टूट रही है। यह सब उसके बाद है जब लड़की वाले अपनी लडकी के साथ–साथ अपनी हैसियत से ज़्यादा दहेज देते है और बात बस यही आकर नहीं रूकती, जो लड़के ज़्यादा पढ़े लिखे होते हैं और जिनके घर वाले ज्यादा समृद्ध होते हैं, देखने में यह आया है कि वे ज़्यादा दहेज की माँग करते है। यह तो हमारे सभ्य समाज होने पर ही प्रश्न चिन्ह है। यह अच्छी बात है कि आप पढ़े–लिखे हैं, समृद्ध हैं, समाज में आपकी प्रतिष्ठा है पर यह तर्क समझ से परे है कि जब कहा

जाता है कि हमारा बेटा डॉक्टर है, इंजीनियर है या टीचर है और हमें तो दहेज के साथ–साथ इतना उतना पैसा नकद कैश चाहिए। यह बात इसलिए भी बेहूदा लगती है क्योंकि ऐसा लगता है कि लोग एक प्यार का रिश्ता स्थापित करने से पहले, जैसे एक आर्थिक समझौता कर रहे हो। लड़की वाले भी इस उम्मीद के साथ कि लड़की हमेशा खुश रहेगी काफी दहेज दे देते हैं। लेकिन कई बार लालची लोगों का लालच लड़की पर भारी पड़ जाता है। इतना ही नहीं, कई बार अतिरिक्त दहेज या पैसे की मांग लड़की को पिटाई झेलने और अपनी सहनशीलता की सीमा समाप्त होने पर आत्महत्या करने पर मजबूर कर देती है। सवाल यह उठता है कि क्या लड़की को ही लड़के की जरूरत है, लड़के को लड़की की नही? क्या लड़के का शिक्षित होना लड़की के लिए ही फायदेमन्द है, लड़के या उसके घर वालों के लिए नहीं? क्या लड़के ही दुखी होते है, लड़की नही? देखिये, लड़के को लड़की की और लड़की को लड़के की जरूरत होती है। दोनों का ही शिक्षित होना दोनों के लिए लाभकारी है और समान रूप से देश के लिए भी उनकी शिक्षा का महत्व है और दोनों ही अपने–अपने माता–पिता के दिल के करीब होते है, तो फिर दहेज की मांग किस आधार पर की जाती है?

इस सबके बावजूद पति कई बार अपने आप को परमेश्वर समझ बैठते हैं और अपने तमाम दायित्वों को भूल जाते है तथा अपनी बीवी से मनचाही सेवा लेने की कोशिश करते हैं। यह ठीक है कि शादी प्यार, साहनुभूति और त्याग पर आधारित हैं, पर इसका मतलब यह है कि दोनों ही लोगों को एक–दूसरे को

प्यार और सहयोग करना होगा, न केवल एक को। लेकिन कुछ लोग समझते है कि लड़की या महिला उनकी निजी सम्पत्ति है, जिसके वे स्वामी है, जैसा चाहे इस्तेमाल करें। अगर ज़िन्दगी में प्यार पाना है तो सबसे पहले आप समझ ले कि आप न तो कोई स्वामी है और न ही महिला आपकी सम्पत्ति, क्योंकि व्यक्ति उस चीज का स्वामी होता है जिसे खरीदा या बेचा जा सकता हो जबकि महिला बेचने या खरीदने की चीज नहीं हैं क्योंकि वह स्वतंत्र है और उसका भी वजूद है। पति–पत्नी को एक–दूसरे के सच्चे साथी होना चाहिए। आप एक दूसरे को बराबरी का हक देकर, बराबर सम्मान देकर, भरपूर प्यार करके ही अपनी शादी को सफल बना सकते है और साथ ही जीवन को प्यार से लबालब भर सकते है।

आप क्यो बड़ी काया के साथ छोटे चरित्र वाले बनना चाहते है आपको बड़े चरित्रवाला बनना चाहिए बेशक काया छोटी होती है। क्योंकि चरित्रवान इन्सान ही तारीफ और प्यार के लायक होता है। जो लोग शादी के बाद अपनी बीवी को सम्मान और प्यार देने के बजाय उन्हे पीटते है, मारते है, वे क्यों भूल जाते हैं कि शादी के मंडप पर उन्होंने क्या कसमें खायी थी? या उन्हें पता ही नहीं होता कि सात फेरों का क्या मतलब होता है या वे अपनी ताकत उस प्यार की देवी पर दिखाना चाहते है, जो शादी से पहले बेहतर जीवन और प्यार से भरपूर सपने लिए हुए थी। हकीकत यह है कि स्वार्थ के आगे सब कुछ महत्व हीन हो जाता है। खैर हमारा उद्धेश्य आपको वह तरीका बताना है जिस पर चलकर आप अपने शादीशुदा जीवन में बहुत ज्यादा प्यार

और खुशियाँ पा सकें। क्योंकि जिस परिवार में प्यार है वहीं खुशियाँ है, प्यार के बिना परिवार नहीं चल सकता।

जयमाला, कन्यादान तथा सात फेरों की सच्चाई तथा इनके अन्दर प्यार, प्यार की गहराई के बारे में जानने के लिए हमने दिल्ली में रहने वाले पंडित श्री विजयदत्त भारद्वाज से बात की। भारद्वाज जी अब तक सैकड़ो शादियों को सम्पन्न करा चुके हैं। भारद्वाज जी उत्तर प्रदेश से इतिहास में मास्टर डिग्री धारक भी है। विजयदत्त भारद्वाज कहते हैं कि वर (पति) वधु (पत्नी) को सही ढ़ग से मार्ग बताना और सात फेरों के बारे में समझाना पंडितो का काम होता है।

विजयदत्त भारद्वाज जी ने जयमाला के सन्दर्भ में बड़ी रोचक बात हमारे सामने रखी–

जय माला का मतलब होता है कि दुल्हा (पति) दुल्हन (पत्नी) एक दूसरे को पसन्द करते हैं, स्वीकार करते हैं और सम्मान करते हैं। जब दुल्हन अपने गले में जयमाला स्वीकार करती है, तो इसका मतलब होता है कि वह अपनी नयी ज़िन्दगी अब शुरू करती है। नया घर, नया परिवार और अपने जीवन साथी के साथ नये रिश्ते स्वीकार करती है। दुल्हा भी अपनी दुल्हन को अपनी सम्पत्ति, अपनी इच्छा में भागीदार मानता है, साथ ही वह अपनी दुल्हन को अपनी हकीकत और अपने सपनों में सांझी बनाता है। इस तरह जयमाला दोनों के बीच समानता स्थापित करती है जो प्यार का आधार है।

सात फेरे या सप्तपदी

सात फेरे या सप्तपदी के पूर्ण होते ही शादी को वैध मान लिया जाता हैं। सात फेरे हिन्दू शादी में इसलिए भी महत्व–रखते हैं ताकि दंपति शादी की प्रत्येक शर्त को पूर्णतः स्वीकार करते हुए अपनी ज़िन्दगी को प्यार और सहयोग के आधार पर जिये। पंडित विजयदत्त भारद्वाज बताते हैं कि ज्यादातर शादी शुदा जोड़े एक डेढ़ साल बाद ही आपस में लड़ने–झगडने लगते है। जबकि सातों फेरे यही कसम दिलाते हैं कि पति–पत्नी कभी नहीं लड़ेगे। एक दूसरे का तथा एक–दूसरे के माता–पिता का पूरा सम्मान करेंगे और प्यार से रहेंगे तथा घरवालों की, एक–दूसरे की सेवा करेंगे। विजयदत्त के अनुसार सात फेरों की चर्चा संक्षिप्त रूप से इस प्रकार है–

1- प्रथम फेरा 'ओम इषा एकपदी भव'

प्रथम फेरा कहता है कि पति–पत्नी हर काम में एक दूसरे का सहयोग करेंगे। एक दूसरे का सम्मान करेंगे। एक दूसरे के प्रति समर्पित रहेंगे और प्यार के साथ जीवन जीयेंगे।

2- द्वितीय फेरा 'ओम ऊजे द्विपदी भव'

दूसरा फेरा कहता है कि पति–पत्नी दोनों साथ–साथ आगे बढ़ने का प्रयास करेंगे। वे एक दूसरे को खुश रखने की कोशिश करेंगे। एक–दूसरे को मानसिक व आत्मिक बल प्रदान करेंगे और आपस में संतुलन बनाए रखते हुए परिवार को सफलता पूर्वक चलाएंगे जिसमें माता–पिता का ख्याल करना भी शामिल है।

3- तीसरा फेरा 'ओम रायस्योष्प त्रिपदी भव'

तीसरा फेरा कहता है कि दोनो अपनी धन सम्पदा की रक्षा करेंगे। सबकी समृद्धि और कल्याण की परिस्थितियाँ बनाएंगे और अपने आप को स्वार्थता से दूर रखेंगे। भारद्वाज जी बताते है कि यदि पति यज्ञ करता है तो उसे सबसे पहले अपनी पत्नी से इस बारे में राय लेनी होगी वरना यज्ञ सफल नहीं माना जाएगा।

4- चौथा फेरा 'ओम मयोभ्याय चतुष्पदी भव'

चौथा फेरा कहता है कि पति–पत्नी हमेशा एक–दूसरे के सहयोगी रहेगे और एक–दूसरे के बीच खुशी तथा तालमेल बनाए रखेंगे।

5- पांचवा फेरा 'ओम प्रजाभ्यह पंचपदी भव'

पांचवा फेरा कहता है कि पति–पत्नी अपनी संतानों की बेहतर ढंग से परवरिश करेंगे। उन्हें वह सभी शिक्षा–दीक्षा देंगे जो उन्हें परिवार, समाज तथा देश के लिए अमूल्य धरोहर बनाए।

6- छठा फेरा 'ओम ऋतुभ्य षष्ठपदी भव'-

छठा फेरा कहता है कि पति–पत्नी अपना प्रत्येक दायित्व और जिम्मेदारी साथ साथ निभाएंगे। घर में दूसरें सदस्यों का सम्मान करेंगे और उनके प्रति अपनी जिम्मेदारियों को बखूबी निभाएंगे।

7- सातवां फेरा 'ओम सखे सप्तपदी भव'

सातवां फेरा कहता है कि पति–पत्नी हमेशा अच्छे साथी

और सहयोगी बनकर रहेंगे। पंडित विजयदत्त भारद्वाज कहते हैं कि सातवें फेरे के माध्यम से पत्नी पति से कहती है कि हे स्वामी अगर मुझसे जाने या अन्जाने में कभी गलती हो जाए, तो मुझे कभी मेरी सहेलियों, रिश्तेदारों के सामने मत डाँटना क्योंकि इससे मेरा अपमान होगा। हाँ अकेले में मुझे आप समझा सकते हैं। इस तरह से सातवां फेरा पति द्वारा पत्नी के अपमान का निषेध करता है। जो प्यार पूर्ण तरीके से जीने के लिए जरूरी भी है।

ये सातों फेरे हिन्दू शादी की परम्परा होने के साथ साथ शादी शुदा जीवन को प्यार, सहयोग और आपसी तालमेल के साथ जीवन जीने का एक बेहतर तरीका भी है। इन फेरों में शामिल अच्छी बातों को कोई भी अपने जीवन में उतारकर अपना बेहतर शादी–शुदा जीवन जी सकता है।

हम देखते है कि शादियाँ तो हमारे यहाँ बडे–जोर शोर से होती है, पर यह अजीब है कि हमें सातों फेरों का मतलब पता नहीं होता। हाँ यह जरूर है कि जब पंडित मंत्र–उच्चारण करते है, तो हम सब कुछ बड़ी विनम्रता से स्वीकार कर रहे होते हैं लेकिन हममें से कुछ अपनी शादी के दो चार दिन बाद ही अपनी पत्नी को बड़ी बेरहमी से पीट रहे होते हैं क्योंकि वे भूल जाते हैं कि शादी के तीसरे फेरे जिसमें उन्होंने कसम ली थी कि स्वार्थता से दूर रहेंगे और तमाम लोगों के सामने वचन दिया था कि प्यार और सदभाव से रहेंगे पर सब भूल गये, स्वार्थी हो गये वे और अतिरिक्त दहेज के लिए अपनी पत्नी पर हाथ उठा दिया।

ज़िन्दगी का मज़ा तो प्यार में है, अगर आपके पास कोई प्यारा सा साथी है, जो आपको बहुत प्यार करता है, आपका ख्याल रखता है, तो ऐसे साथी से बढ़कर आपको क्या चाहिए प्यार तो वैसे भी वह चीज़ है जो इन्सान को ताकत देता है और आगे बढ़ने का हौंसला देता है। लेकिन दहेज और दहेज के लिए उत्पीड़न तो वह बुराई है जो प्यार को खत्म करती है और उच्च स्तरीय तनाव को जन्म देती है। साथ ही शादी–शुदा जीवन को नरकीय बनाती है। यह आप पर निर्भर करता है कि आप निकम्मे और कामचोरों की तरह दहेज की माँग करते हैं और दहेज के लिए अपनी पत्नी को उत्पीड़ित करते हैं और ताने देते हैं, या फिर 'साहसी, कर्मयोगी और सच्चे प्रेमी की तरह अपनी मेहनत से काम करके कमाते हैं और अपनी बीवी को प्यार करते हैं और गर्व से कहते है कि आपके पास एक प्यारी बीवी है तथा अल्लाह–ईश्वर का दिया सब कुछ है। मनु ने मनुस्मृति में कहा है कि "परस्पर विश्वास मृत्यु पर्यन्त बना रहे, पति–पत्नी के लिए यही सर्वोत्तम नियम होना चाहिए।" इसलिए परस्पर अपना विश्वास बनाए रखे, कभी मारने–पीटने जैसी तुच्छ स्थिति नहीं आनी चाहिए क्योंकि कभी भी एक तनावग्रस्त परिवार कभी भी स्वस्थ सन्तान पैदा नहीं कर सकता और न ही उनका बेहतर पालन–पोषण कर सकता जो कि सप्तपदी के पाँचवे फेरे का सीधा–सीधा उल्लंघन है। मनु ने एक जगह मनुस्मृति में लिखा है कि "जिस कुल में अपमान आदि के कारण कुल वधुए शोकाकुल रहती हैं, वह कुल शीघ्र ही नष्ट हो जाता है।" इसलिए हमें अपने लालच, स्वार्थ और मतभेद त्याग कर

अपने प्यार की प्राप्ति में लग जाना चाहिए क्योंकि परिवार में पति–पत्नी के प्यार से खुशहाली आती है और एक स्वस्थ व समृद्ध परिवार का जन्म होता है। ऐसा ही परिवार देश के विकास और सम्मान में योगदान दे सकता है। मुस्लिम समुदाय भी बीवी के हूकूकों (पत्नी के अधिकारों) से परिचित होगा। वैसे बीवी के हूकूक नामक पुस्तक कोई भी खरीद कर पढ़ सकता है जिससे पता चलेगा कि मर्द को बीवी के साथ कैसा व्यवहार करना चाहिए।

शादी–शुदा जीवन में प्यार उत्पन्न करने के उपाय–

शादी-शुदा जीवन में एक दूसरे को वक्त देने का महत्व

लोग शादी होने के कुछ समय बाद तक तो एक–दूसरे को खूब समय देते हैं पर यह सिलसिला एक–डेढ़ साल या एक बच्चे के जन्म के बाद कम हो जाता है क्योंकि अब लोग समझने लगते है कि उनकी आजादी खत्म हो गई है और उनका मुख्य काम कहीं जॉब करके ज्यादा पैसे कमाना है क्योंकि उन्हें लगता है कि पैसा ही खुशियों का साधन है। इसी सोच के परिणाम स्वरूप ज्यादातर भारतीय अपने काम–धाम में लगे रहते है। जिससे वे अपनी बीवी को वक्त नहीं दे पाते। अगर शहरों के पढ़े–लिखे और शैटल्ड लोगों को छोड़ दें तो, यही दृश्य सामने आता है कि भारतीय पति न तो अपनी पत्नी को ज्यादा वक्त देते हैं और न ही कहीं हॉली डे पर घूमाने ले जाते है। कई पति ये सोचते हैं कि अगर वे पत्नी के साथ बैठकर बातें करेंगे तो वह कुछ न कुछ खर्चा बता देगी। इसलिए वे या तो हॉली डे पर पूरे दिन सोकर गुजार देते हैं या अपने आस–पड़ोस में गप्पे

मारकर। पर यह जरूरी है कि आप यह न सोचे कि शादी हो गई, अब क्या जरूरत है पत्नी के आगे पीछे फिरने की? अगर आप ऐसे ही विचार रखते हैं, तो जान लीजिए कि बहुत जल्दी शिकायतों के अम्बार लगने वाले हैं' और जब शिकायतों और गिले–शिकवों का माहौल पैदा होता, तो फिर वहाँ तनाव ही उभरता है, न कि प्यार।

यह सोच लेना कि जिन से आपकी शादी हुई है, वह अब आपकी है और आपके दिल के बहुत करीब है। उन्हें पता तो है कि आप उन्हें बहुत प्यार करते हैं फिर प्यार जताने की क्या जरूरत है? हाँ प्यार जताने की जरूरत है, उन्हें निश्चित रूप से वक्त देने की जरूरत है क्योंकि वक्त देने से दोनों के बीच समझ विकसित होती है और गलत–फहमियां आप दोनों से दूर रहती हैं। प्यार जताते रहने से प्यार बढ़ता है और दिल में आपके प्यार का अहसास बना रहता है। शादी हो जाने का मतलब यह नहीं है कि प्यार कही गुम हो जाए बल्कि शादी तो प्यार के पलों को और हसीन बनाकर जीने का मतलब है, तरीका है।

पति-पत्नी के बीच न हो दूरियां

हमने अच्छे खासे, प्यार से चलते जीवन को बोझ और नीरस बनते हुए देखा है। ऐसा तब होता है जब आप अपने आप को बहुत व्यस्त कर लेते हैं परिणाम स्वरूप अपने साथी को वक्त नहीं दे पाते। क्योंकि शहरों में पति–पत्नी दोनों ही जॉब करते हैं जिसके चलते दोनों एक–दूसरे को पूरा वक्त नहीं दे पाते। अच्छे से तालमेल नहीं स्थापित कर पाते और कई कारणों

से एक दूसरे के बीच तनाव बना रहता है, तो कई बार दोनों का अहं भी आड़े आता है। पर जरूरी यह है कि शादी–शुदा जीवन में प्यार बना रहें। इसके लिए एक–दूसरे के प्रति सहयोग की भावना होनी चाहिए और नजर अन्दाज करने की प्रवृत्ति खत्म होनी चाहिए। सातों फेरो की सीख भी यही है। आपको इसके लिए किसी विशेष आयोजन की आवश्यकता नहीं हैं क्योंकि आप अपने घर में ही प्यार के पल तलाश सकते है इसके लिए कोई विशेष दिन या विशेष वक्त की जरूरत नहीं है बल्कि जरूरत यह है कि आप एक–दूसरे के साथ वक्त बिताए नहीं बल्कि इस लम्हें को जी ले। एक दूसरे को अपना प्यार जताए, तरीका आपका कोई भी हो सकता है, आप उन्हें गुलाब भी दे सकते हैं। उनकी पसन्द का गाना गा सकते है, बजा सकते है। एक–दूसरे को समय–समय पर गले लगा सकते है, इससे आपको भावनात्मक तथा मानसिक सुकून मिलेगा परिणाम स्वरूप आपके बीच दूरियाँ नहीं बनेगी बल्कि प्यार बढ़ेगा। जीवन में सबसे पहले प्यार होना चाहिए, तरीका कोई भी हो शादी–शुदा जीवन तभी खुशमय और तनाव मुक्त रहेगा।

आपकी कोशिश यही होनी चाहिए कि आपके बीच संचार (कम्यूनिकेशन) गैप न हो, जब कभी भी मौका मिले पति–पत्नी को अपनी यादो को, अपने प्यार के पलों को याद करते हुए अपने प्यार को बढ़ाना चाहिए। ज़िन्दगी में प्यार के नये पल खोजते रहना चाहिए क्योंकि ज़िन्दगी में भागदौड़ और काम तो लगे ही रहते है। वे खत्म कभी नहीं होने वाले लेकिन उनके पीछे अपने रिश्ते में दूरियाँ पैदा कर लेना गलत है।

देखिए यह बात पूरे दिलो दिमाग से समझ लेनी चाहिए कि यदि एक दूसरे के प्रति प्यार और भावनाओं को जगह नहीं दी गई, तो पति पत्नी का रिश्ता कितना रूखा होकर रह जाएगा और इसका आप और आपके बच्चों पर क्या असर पड़ेगा? आपके बीच नजदीकियाँ, प्यार और बेहतर तालमेल बना रहे यह आपके रिश्ते की मिठास और आपके बच्चों के विकास के लिए भी बहुत जरूरी है। वरना जीवन नरकीय बन जाता है क्योंकि इससे आप न तो खुश रह सकते हैं और न ही इससे बाहर निकल सकते है।

अतः जरूरी है कि आप अपना प्यार बनाए रखें और इसे बढ़ाते रहे। प्यार के पलों की खुद तलाश करें और ज़िन्दगी को बिताए नहीं बल्कि जिये वो भी प्यार के साथ, विश्वास के साथ और एक–दूसरे की कद्र के साथ।

डायरी लिखना प्यार बढ़ाने के लिए जरूरी

आप डायरी लिखने और इससे प्यार बढ़ने के सम्बध को सोचकर असमंजस्य में पड़ गये होगें कि यहाँ हम यह क्या कह रहे हैं। पर यह बिल्कुल सच है। आप ऐसा करके तो देखिए। आप अपने पति या पत्नी को कितना प्यार करते हैं डायरी में लिखे, एक–दूसरे की अच्छी बाते लिखें, जो पल आपने एक–दूसरे के साथ बिताएं हैं और आपके लिए काफी खास हैं, उन्हे डायरी में लिखें। आपके पति या पत्नी ने आपके लिये जो कुछ किया हो और आपको वह बहुत अच्छा लगा हो, उसे डायरी में जरूर लिखें। आपके साथी की कोई बात जो आपके लिए प्रेरणा स्त्रोत रही हो, उसके लिए अपने साथी की तारीफ करते हुए ज़रूर

लिखे। आपको कोई बात जो बुरी लगी हो उसे भी लिख सकते है। बिल्कुल स्वाभाविक अन्दाज़ में लिखे और ऐसे लिखे जैसे आप उनसे बात कर रहे हो। याद रखे जब तक डायरी भरे नहीं तब तक डायरी को छुपा कर रखे और किसी दिन अपने, उनके 'बर्थ डे' या किसी भी नॉर्मल डे पर बेहतर ढंग से पैक करके उन्हे गिफ्ट के तौर पर दे। फिर देखना जब वे इसे पढ़ेंगे तो आपको गले से लगा लेंगे। कितनी खुशी मिलेगी इससे आप दोनों को और प्यार तो एक दम सातवें आसमान पर पहुँच जाएगा। ऐसे जिये जीवन को कि प्यार जिन्दगी में उतर आए। इससे आपकी शादी सफलतापूर्वक भरपूर प्यार के साथ चलती रहेगी। ज़िन्दगी में प्यार हो, तो फिर कोई परेशानी आगे नहीं आती क्योकि सच्चा प्यार गलत काम से रोकता है और सही रास्ते पर चलने को प्रेरित करता है। डायरी तो आपके प्यार का इतिहास और एहसास बन जाती है, जब चाहों तो पुराने दिन ऐसे याद आते हैं जैसे अभी जी रहे हों। इस तरह डायरी प्यार बढ़ाने का काम करती है। कितने प्यार, उल्लास और उत्साह से भरे होते है ऐसे पल।

शादी-शुदा जीवन में अपार प्यार के लिए 'लव नोटस'

आपका उद्वेश्य किसी भी तरह से मगर नैतिक तरीके से अपना प्यार बढ़ाना होना चाहिए। जहाँ तक हमारा विचार है, तो शादी के बाद अपने प्यार को बुलंदियो पर पहुंचाने के और भी ज्यादा मौके मिलते है। जिससे आप अपने पति या पत्नी के प्रति ओर ज्यादा आकर्षक और प्यारे बन सकते हैं। बस थोड़ा सा दिमाग लगाईए। वैसे भी सच्चा प्यार करने वाले अपने प्यार को

बढ़ाने के तरीके ढूँढ़ ही लेते हैं। जैसे आपके पति कम्पनी या ऑफिस से कुछ दिनों के लिए बाहर जा रहे हैं, तो आप उनका बैग पैक करते समय किसी कागज पर यह लिखकर डाल सकती हैं कि 'आप अपना पूरा ख्याल रखना, खाना वक्त पर खाना, वक्त पर सोना और आपके आने का मुझे बेसब्री से इन्तज़ार रहेगा, मैं आपको 'मिस' करूँगी, 'I Love you very much', जब पति वहाँ जाकर बैग खोलेगे तो, उन्हें आपका, आपके हाथ से लिखा यह 'लव नोट' खुशी से सरोबार कर देगा और उनके दिल में आपके लिए एक दम बहुत ज़्यादा प्यार पैदा होगा। ऐसा कुछ पति भी अपनी बीवी के मायके जाते वक्त कर सकते हैं। आप दोनों ही एक–दूसरे के पास कुछ भी ऐसी चीज भिजवा सकते है, जो उन्हें पसन्द हो। फिर देखना जब पति या पत्नी वापिस आएंगे तो कितने प्यार का संचार होगा।

एक दूसरे के दोस्त भी बने पति-पत्नी

प्यार का रिश्ता अनमोल है इसलिए ही, तो किसी ने कहा है कि ''प्यार एक उपहार है कोई अहसास नहीं, हमेशा अपने दिल की आवाज़ सुनों और उस इन्सान पर यकीन करों, जिसे आप प्यार करते हो'' प्यार को बरकरार रखना जरूरी है क्योंकि शादी जैसे रिश्ते तो प्यार और विश्वास के बिना चल ही नहीं सकते। इसलिए जरूरी है कि आप एक दूसरे के पति–पत्नी होने के साथ–साथ एक दूसरे के अच्छे दोस्त भी बनकर रहे क्योंकि दोस्ती वह चीज़ होती है, जो व्यक्ति को औपचारिक व्यवहार के साथ–साथ अनौपचारिक व्यवहार भी स्थापित करती है। हमारा मतलब है कि जो बात आपके मन में है उसे कह दें

और अगर बात सही लगे तो दूसरे वाले इन्सान को इसे स्वीकार कर लेना चाहिए। इससे रिश्ते में मज़बूती आती है। एक–दूसरे पर भरोसा करे और भावनाओं को समझते हुए व्यवहार करें और दुख–सुख में पूरा साथ दे, कभी अकेलापन महसूस न होने दें।

एक दूसरे का ख्याल रखना पति-पत्नी का हो पहला फर्ज

ऐसा नहीं है कि यह उनके लिए ही ज़रूरी है, जो शादी से पहले एक–दूसरे से प्यार कर रहे थे और अब उन्होंने शादी कर ली। बल्कि यह उनके लिए भी ज़रूरी है जिनकी शादी अभिभावकों द्वारा तय करके सम्पन्न करायी गयी है क्योंकि अरेन्ज शादियों में नव–विवाहित जोड़ों को एक–दूसरे को समझने में ज्यादा दिक्कत आती है। ऐसे में एक दूसरे का ख्याल रखना बहुत ज़रूरी होता है और सबसे ज़रूरी बात यह है कि आपको एक दूसरे का ख्याल रखना अपना पहला फर्ज समझना चाहिए और सिर्फ समझना ही काफी नहीं है बल्कि इसे निभाना भी ज़रूरी है। अगर आपमें से किसी को भी कोई परेशानी होती है, तो फौरन डॉक्टर के पास जाएं, जरा सी भी लापरवाही न करें क्योंकि लापरवाही आपसे आपका साथी छीन सकती है। यह बात सबसे ज्यादा अहम है कि भारत में खास कर ग्रामीण इलाकों में और शहरों में भी निम्न आय वर्ग और मध्य आय वर्ग के लोग किसी बीमारी को छोटी समझकर या तो मेडिकल स्टोर से खुद ही दवाई ले लेते हैं या किसी ऐसे–वैसे डाक्टर से ही दवाई ले लेते हैं जिसे मर्ज का पता नहीं होता। ऐसा वे या तो लालच में करते हैं या लापरवाही में। मगर दोनों ही स्थितियाँ खतरनाक है। आपको चाहिए कि इन्सान के प्रति इन्सानियत का

व्यवहार करते हुए लालच बिल्कुल न करें और लापरवाही न हो, इसे सुनिश्चित करें।

अगर आपके साथी को कोई परेशानी होती है, तो बेहतर डॉक्टर के पास जाएं या हॉस्पीटल जाएं। खर्चे से बिल्कुल न घबराए क्योंकि आप कमाते किसके लिए है? जब आप एक–दूसरे के पति–पत्नी है, तो एक दूसरे का ख्याल करना भी तो आपका ही पहला हक है। घर में आपके साथी की कोई देखभाल करे या न करे पर आपको किसी भी सूरत में पीछे नहीं हटना चाहिए। क्योंकि पैसा तो कभी भी और कितना भी कमाया जा सकता है लेकिन अगर आपका साथी चला गया तो कहाँ से लाओगे।

याद रखे प्यार में सौदा नही होता बल्कि प्यार के लिए कई बार त्याग करना पड़ता है। सच्चा प्यार तभी तो दिल में पनपता है वरना आपने भी लव मैरिज और अरेन्ज दोनों को टूटते सुना होगा। एक–दूसरे का ख्याल रखना आपका पहला फर्ज होना चाहिए क्योंकि एक–दूसरे का ख्याल रखने से परस्पर विश्वास, प्यार में मज़बूती और दिलों में खुशी आती है।

भूमिका विभाजन और प्यार में तालमेल स्थापित करना

काबिल–ए–गौर बात यह है कि शादी चाहे किसी भी रीति–रिवाज से, या पद्धति से हो लेकिन आपके घर में शामिल होने वाला एक सदस्य बिल्कुल नया होता है। वह सभी के लिये नया और सभी उसके लिये नये होते है। ऐसे में सबसे पहले आपकी (पति) जिम्मेदारी होती है कि आप अपनी पत्नी को सबके बारे में समझने में मदद करे क्योंकि आप ही उनके सबसे

करीब होते है और आप अपने घर के सभी सदस्यों की आदतों, पसन्द और नापसन्द के बारे में जानते हैं। आपको अपनी पत्नी को अपने घर के सभी सदस्यों के बारे में सही जानकारी देनी चाहिए क्योंकि आपको अब उनके साथ ज़िन्दगी भर रहना है। अगर आप इसे अपनी जिम्मेदारी समझते हुए अपनी पत्नी की मदद करेंगे तो वह बहुत जल्दी घर में अपनी भूमिका का बेहतर ढंग से निर्वाह कर पाएगी क्योंकि घर वाले भी यही चाहते हैं कि उनकी बहु और आपकी पत्नी उनकी सेवा करे और घर का काम बेहतर ढंग से करे।

पत्नी स्वयं तो बेहतर ढंग से काम करने की कोशिश करती ही है। लेकिन अगर उन्हें घर के दूसरे सभी सदस्यों की जानकारी होगी, तो गलत काम होने या घरवालों की इच्छा के विपरीत काम होने की सम्भावना कम ही होगी और उनके काम करने के बाद सभी उनकी तारीफ करेंगे जिससे उन्हें खुशी मिलेगी और उनकी कार्य क्षमता भी बढ़ेगी। साथ ही आपके प्रति उनके दिल में प्यार भी बढ़ेगा क्योंकि आपकी बीवी जानती है कि आपकी सहायता और सहयोग के कारण ही वह बेहतर कार्य कर पाने में और घरवालो का दिल जीतने में सफल रही है।

शादी के बाद पत्नी को प्यार करना और उनके कार्यों में उनकी मदद करना, अपने प्यार और शादी के रिश्ते को मजबूती प्रदान करने में पति की भी बेहद महत्वपूर्ण जिम्मेदारी और भूमिका होती है। लेकिन वास्तविकता यही है कि ज्यादातर पति अपनी इस जिम्मेदारी के बारे में जानते तक नहीं। अगर जानते भी है, तो वे अपने परिवार के सदस्यों के बारे में अपनी पत्नी को

सही जानकारी देते ही नही क्योंकि वे इसे घर का राज खोलना समझते है। आपके घर में आपकी बीवी बेहतर ढंग से अपनी भूमिका का निर्वाह कर पाये, उन्हें भी घर में सभी लोगों से सम्मान और प्यार मिलें, इसके लिए जरूरी है कि आप इस मामलें में अपनी पत्नी की मदद करें। तभी आप और आपकी पत्नी और घर के अन्य सदस्य खुश रहेंगे और जब आपकी पत्नी को घर के सभी सदस्यों का प्यार मिलेगा तो वह भी आपको और ज्यादा प्यार करेंगी।

ऐसा नहीं होना चाहिए कि आप तो अपनी पत्नी को प्यार करते रहें और घर के अन्य सदस्य उन्हें ताने मारते रहे क्योंकि शादी के तुरन्त बाद भी अपने घरवालों से अलग रहना सुरक्षित नहीं है। इसलिए आप दोनों को अपनी जिम्मेदारी का निर्वाह करते हुए अपने प्यार को प्राथमिकता पर रखना चाहिए, तभी आपकी शादी में खुशहाली और प्यार बना रहेगा।

तनाव को रखें घर के बाहर

वक्त के साथ–साथ जमाना बदलता है और जमाने के साथ पैमाना बदलता है, नजरिया बदलता है यही कारण है कि एक के कमाने से घर नहीं चलता। इस सच्चाई को समझते हुए आज के युवा पति–पत्नी कहीं न कहीं जॉब करते हैं। वर्तमान समय में यह ट्रेंड बढ़ रहा है पर ध्यान रहे आपको जो तनाव काम के दौरान ऑफिस में हो या फैक्ट्री में वह वही तक सीमित रहना चाहिए। हाँ, आप एक–दूसरे से अपने–अपने काम के बारे में छोटी–मोटी बात कर सकते हैं अपने अनुभव बांट सकते हैं लेकिन उस विषय को लेकर न बैठे रहे वरना यह तनाव पैदा

करेगा। जो कि आपके लिए ठीक नहीं है।

अगर आप की सेपरेट फैमिली है, तो आप दोनों घर का काम मिल बांट कर कर सकते हैं। इसमें किसी को कोई परेशानी या ऐतराज नहीं होना चाहिए क्योंकि एक दूसरे का ख्याल रखना आपकी ही जिम्मेदारी है। अगर सिर्फ पति ही जॉब करते हैं, तो भी बाहर का तनाव बाहर ही रखना चाहिए क्योंकि यह घर में आएगा तो परेशानी ही लाएगा। ऐसा नहीं है कि घर का काम कम होता है या कम थकाने वाला होता हैं। यहां घर पर भी पत्नी को बहुत सारे छोटे–बड़े काम करने होते हैं और बच्चों को भी सम्भालना होता हैं। पत्नी को भी तनाव मुक्ति और प्यार की जरूरत होती है। जो पूरे दिन पूरे घर और बच्चों का ख्याल रखती है, तो उनका ख्याल कौन रखेगा? ऐसे में जरूरी है कि आप दोनों एक–दूसरे का पूरा ख्याल रखें और एक–दूसरे की भावनाओं को भी समझे। एक दूसरे को भरपूर प्यार करें और एक–दूसरे को उनके काम के लिए तारीफ करें। इससे आप दोनों का मनोबल बढ़ेगा। साथ ही आपका प्यार भी बढ़ता रहेगा।

पति-पत्नी को उपहार

उपहार तो अपने ज़ज्बात रखने का एक अच्छा तरीका है और उपहार देने–लेने की कोई समय सीमा या उम्र सीमा नहीं होती। उपहार हमेशा ही आकर्षित करते हैं। अगर आप एक–दूसरे की पसन्द का ख्याल रखते हुए कोई सरप्राइजिंग उपहार देते हैं, तो यह आपकी खुशी बढ़ाने के साथ–साथ प्यार भी बढ़ाता है। जैसे कभी साथ बिताए पलों का फाइल फोटो आदि। उपहार

देनें में इस बात का ध्यान रखना चाहिए कि इससे आपके घर का बजट न बिगड़े। आप अपने पति या पत्नी को उपहार देने के लिए अपनी रचनात्मकता वाली कला का प्रयोग भी कर सकते हैं।

ध्यान रखे, सम्पर्क बनाए रखे और गलती होने पर माफी मांगे

एक–दूसरे का ख्याल रखने और ध्यान रखने का हम विस्तार से जिक्र कर चुके हैं। बस सबसे ज़रूरी बात यह है कि आपको अपने शादी–शुदा जीवन में प्यार पैदा के लिए एक दूसरे का पूरा सम्मान भी करना चाहिए क्योंकि ज़ितनी भूमिका ज़िन्दगी को बेहतर बनाने में खोजने प्यार की है, उतनी ही सम्मान की भी है। क्योंकि जहां दिलों में एक दूसरे के लिए जितनी इज़्जत होती है वहां प्यार भी उतना ही होगा।

एक–दूसरे से नजदीकी बनाए रहना, सम्पर्क बनाए रखना बहुत जरूरी है क्योंकि इससे क्म्यूनिकेशन गैप विकसित नहीं होगा। जिससे आपके बीच प्यार बना रहेगा। जब कभी आप अपने ऑफिस से कहीं जाए तो आप अपनी पत्नी को इन्फार्म कर सकते हैं कि आप कहां जा रहे हैं अगर ड्यूटी के बाद आप पाते हैं कि आपको घर पहुँचने में वक्त लगेगा तो अपने साथी को इस बारे में सूचना जरूर दें क्योंकि इससे वह निश्चित रहेंगी कि आप देर से आएंगे और उन्हें तनाव भी नहीं होगा। अगर पत्नी भी कहीं कार्य करती हैं तो वह भी पति को इस बारे मे इन्फॉर्म कर सकती हैं। इससे तालमेल और परस्पर विश्वास बना रहता है परिणाम स्वरूप किसी प्रकार की टेंशन या शक की उत्पत्ति नहीं होती।

गलती होने पर तुरन्त माफी मांगना भी एक अच्छे चरित्र की निशानी है। अगर आप से कोई गलती हो जाती है तो झिझक या शर्म कैसी? आपको बिना वक्त गंवाए अपने पति या पत्नी से फौरन माफी मांग लेनी चाहिए और इस बात का भी भरोसा दिलाना चाहिए कि ऐसी गलती दोबारा नही होगी, पूरी कोशिश यही हो कि आपसे वैसी गलती कभी न दोहराई जाए।

यह सभी बातें बेशक मामूली मालूम पड़ती हो लेकिन ये बातें जिंतनी छोटी मालूम पड़ती है उससे कही अधिक प्रभावशाली हैं। अगर आप इन बातों को अपने व्यवहार में लाते हैं, तो जादुई असर आपको खुद नजर आएगा क्योंकि प्यार के पल खोजने पड़ते है।

धोखेबाजी से करें परहेज

किसी भी रिश्ते की बुंलदी का आधार सच्चाई, ईमानदारी और वफादारी है क्योंकि इन तीनों के अभाव में रिश्तें टूटते देर नहीं लगती। इसलिए हमेशा ऐसी किसी भी हरकत से दूर रहें जिससे आपके शादी–शुदा जीवन में तकलीफे पैदा हों क्योंकि आपमें से यदि कोई भी एक अपने साथी को धोखा दे रहा है, तो इससे ज़्यादा परेशान करने वाला और कोई दूसरा अहसास नहीं हो सकता। कोई किसी को जी–जान से चाहे और कोई धोखेबाजी से पेश आए, यह तो अन्याय है। विशेषज्ञों के अनुसार गौर करने लायक बात यह है कि ज्यादातर महिलाओं का दिमाग अपने पति पर शक करते वक्त गलत नहीं होता लेकिन ज्यादातर महिलाएं अपने पति के व्यवहार में बदलाव होने के बावजूद इसे अपनी कल्पना मानकर नजर अन्दाज कर देती है लेकिन

विशेषज्ञो के अनुसार भावनात्मक दूरियों और बॉडी लैंग्वेज में होने वाले बदलाव का अहसास बहुत कम गलत होता है।

- जो पुरूष अपनी पत्नी से नजर बचाकर किसी दूसरी महिला से अफेयर करते हैं, उनमें इस बात का अपराध बोध होता है और वे ज्यादातर रक्षात्मक होते हैं। जैसे अगर आप अपने ऐसे पति से उनकी डेली रूटीन के बारे में पूछती हैं, तो वे जबाव देने की बजाय चिढ़ जाते हैं। ऐसे लोग गोल–मोल जवाब देते हैं या सवाल का जवाब देने से बचते हैं। जबकि साफ और स्पष्ट इन्सान कभी नही घबराता क्योंकि उसे पता है कि वह सिर्फ आपको ही प्यार करता है। महिलाओं पर भी यह उतना ही लागू होता है।
- किसी दूसरी महिला के साथ अफेयर की निशानी होती है, पति का अचानक सजना, संवरना।
- अगर आपका पति आपका सम्मान करना और ख्याल रखना बन्द कर दें या यहां तक कि वह अपने दोस्तों और रिश्तेदारों में भी आपका बेतुका मजाक बनाने लगे, तो यह एक और नया संकेत है कि वह आपकी तुलना में किसी और को ज्यादा महत्व दे रहे हैं क्योंकि सच्चे प्यार में इज़्जत करने और ख्याल रखने की प्रवृत्ति कम नहीं होती बल्कि बढ़ती है।
- अगर आपको शक होता है, तो आपको उनके मोबाइल फोन और बैंक अकांउट पर ध्यान रखना चाहिए। आखिर आपका हक भी है।

अगर आपके पति ने अपना मोबाइल सीने से लगाकर रखना शुरू कर दिया है, तो इससे ज्यादा स्पष्ट संकेत और क्या होगा? अगर घर पर रहने के बावजूद उनका मोबाइल साइलेन्ट मोड पर हो, तो इसका मतलब स्पष्ट है, कि वे आपसे कुछ छिपा रहे हैं।

देखिए, ऐसा नहीं है कि सिर्फ पति ही धोखेबाजी करते हैं बल्कि पत्नियां भी धोखेबाजी करतीं है। लेकिन रिश्ते ऐसे नहीं चलते। इससे न तो घर चलता है और न ही सही अर्थो में प्यार मिलता है। फायदा इसी में है कि आप दोनों एक–दूसरे के प्रति सच्चे और समर्पित बने रहें। अगर आपको अपने पति या पत्नी से किसी भी बात को लेकर शिकायत है, कोई परेशानी है, तो एक दूसरे को बताएं, साथ बैठकर समस्या का समाधान खोजें। अगर आप समाधान खोजने में सफल नहीं हो रहे हैं, तो विशेषज्ञों की सलाह ले लेकिन ऐसा कोई कदम न उठाए जिससे आपको परेशानी हो या आपके साथी को दुख पहुँचे। शादी के मंडप पर ली गई कसमों की ध्यान रखें क्योंकि ऐसी हरकतों से आप सात जन्म का साथ तो क्या? एक जन्म में भी साथ नही दे सकते।

धोखा या धोखेबाजी सबसे बुरी चीज है इसे अपने पास भटकने तक न दें क्योंकि यह आपके और आपके बच्चों पर बहुत नाकारात्मक प्रभाव डालती है। कई बार तो नौबत यहां तक आ जाती है कि आपको अपने बच्चे के हाथों पिटना पड़ता है और बच्चे भी आपको नफ़रत की निगाहों से देखते है। प्यार सबसे अनमोल है, इसे कभी कम न होने दें क्योंकि सही मायने

में सच्चा प्यार ही जिन्दगी जीने का आधार है।

फ्यूचर प्लानिंग भी करे

बेहतर ज़िन्दगी किसी एक चीज से ही नही चलती। अगर आप चाहते हैं कि ज़िन्दगी आगे भी यूँ ही खुशी–खुशी और प्यार के साथ चलती रहे, तो इसके लिए फ्यूचर प्लानिंग भी जरूरी है। अपने वर्तमान को बेहतर बनाकर चले साथ ही अपने सभी कार्यों का मूल्याकंन करें और इस बात का विशेष ध्यान रखे कि आपका रिश्ता सही दिशा में जा रहा है। अपने भविष्य के लिए योजनाएं बनाए उन पर काम करें ताकि सफलता मिलें और ज़िन्दगी में किसी चीज की कमी न रहे।

समझदार इन्सान वही होता है जो अपने वर्तमान को बेहतर बनाता है और भविष्य के बेहतर निर्माण के लिए सजगता से प्रयास करता रहता है। आपको अपनी प्राथमिकताएं भविष्य को ध्यान में रखते हुए निर्धारित करनी चाहिए तभी आप दोनों अपने रिश्ते को मजबूत रख पाएंगे और एक अच्छे भविष्य का निर्माण भी कर पाएंगे। इसके अलावा अपनी व्यस्तता के बावजूद अपने प्यारे साथी के लिए वक्त जरूर निकाले और अपने साथी को प्यार जताते रहे और प्यार करते रहे। इससे आपकी और आपके पति या पत्नी की कार्य क्षमता भी बढ़ेगी और मन भी खुश रहेगा।

कहीं घूमने फिरने जरूर जाएं

बहुत से ऐसे शादी–शुदा जोड़े है, जो कई–कई बच्चों के माँ–बाप बन चुके हैं लेकिन अभी तक लाल किला भी नहीं देखा। शादी के बाद जब भी वक्त मिले घूमने कहीं जरूर जाइए

क्योंकि घूमने–फिरने से ज़िन्दगी में नयापन आता है और नीरसता कम होती है। घूमने का वक्त आसानी से नहीं मिलता, निकालना पड़ता है। अगर आप गरीब हैं, कम से कम अपने आस–पास के स्थानों पर घूमने या ऐतिहासिक जगहों पर तो जा ही सकते हैं। जरूरी नहीं है कि आप विदेश जाएं। आप कम से कम साल भर में दो बार तो घूमने जा ही सकते हैं। ऐसे किसी स्थान पर जाए जो आपके अनुकूल हो। इन्सान घर में पड़े–पड़े भी बोर हो जाता है। एक स्थान से दूसरे स्थान तक का सफर जो रोज की रूटीन बन जाता है, भी बोर करता है। इसलिए साल भर में कम से कम दो या एक बार तो कहीं घूमने जाने का वक्त जरूर निकालिए क्योंकि इससे व्यक्ति तरो–ताजा महसूस करता है और जब पति–पत्नी साथ घूमने जाते है तो घर और ऑफिस का तनाव भी कम हो जाता है। साथ ही साथ आप अपने प्यार में कुछ नये रंग भी भर लेते है। इस प्रकार अपने साथ कुछ नयी यादे भी जोड़ लेते हैं। घूमना फिरना मनोवैज्ञानिक असर करता है। आप वहां कुछ रोमांटिक पल बिता सकते हैं, जो आपको एक दम प्यार से भर देंगे। शादी के बाद बहुत सी जिम्मेदारियां आ जाती हैं जिनसे बचा नहीं जा सकता लेकिन इसका मतलब यह भी नहीं है कि प्यार कहीं गायब हो जाए। शादी के रिश्ते को तरो–ताजा बनाने के लिए प्यार के पल खोजिए अगर आप हर वीकेंड कही जा सकते हैं, तो बहुत अच्छी बात है। सबसे ज्यादा जरूरी यह है कि आप कहीं भी जाएं अपने साथी की भावनाओं को समझे और उनका पूरा ख्याल रखें। जब कभी बाहर जाए तो बाहर के खाने का भी मजा ले। कमाना तो सारी ज़िन्दगी का है। अगर यह काम भी

प्यार–प्यार में हो जाएं तो जिन्दगी स्वर्ग बन जाएगी शायद इसलिए ही कैरीन संडे ने कहा है कि 'प्यार स्वर्ग की एक झलक दिखाने के लिए होता है।'

घूमने जाएं तो क्या करे क्या न करे

जैसा कि हमने पहले ही बताया कि शादी–शुदा जोड़ा अगर कहीं घूमने जाएगा तो तनाव मुक्त भी रहेगा, प्यार भी बढ़ेगा और आपसी समझ भी क्योंकि दिन भर आप दोनों ही अपनी–अपनी जिम्मेदारियों को निभाते हुए ऊब जाते है। जिस कारण कई बार एक दूसरे से मुलाकात भी नहीं हो पाती लेकिन ट्रिप आपको करीब लाने और आपके प्यार को जवां बनाने का अच्छा काम करती है। इसके लिए आपको यह ध्यान रखने की जरूरत है कि जब आप घूमने जाएं तो क्या करें और क्या न करें। इस सन्दर्भ में हम कुछ महत्वपूर्ण सुझाव पेश कर रहे है–

- जब कभी आप कहीं घूमने जाने की योजना बनाएं तो सबसे पहले मौसम और अपने अनुकूल स्थान का चुनाव करें।
- जब भी जाएं तो याद रखे कि आपके साथ कोई तीसरा इन्सान नहीं हो क्योंकि किसी अन्य की उपस्थिति में आप न तो अपने साथी के साथ स्वाभाविक रूप से बात कर सकते हैं और न ही अपनी स्वतंत्र इच्छा अनुसार चल सकते है।

उदाहरण के लिए मेरा एक दोस्त हाल ही में 23 दिसम्बर 2012 को अपनी नई–नवेली दुल्हन के साथ राजस्थान घूमने गया। लेकिन वह अपनी बीवी के अलावा अपनी दो

बहनों और अपने जीजा जी को भी अपने साथ ले गये। लेकिन पूरी यात्रा के दौरान वे ढंग से एक–दूसरे से बात भी न कर सकें क्योंकि फैमिली मेम्बर साथ थे। ऐसे में मेरा दोस्त और उसकी बीवी दोनों उदासी के माहौल में वापिस आए।

❖ बेहतर हो बजट, यह बहुत जरूरी है क्योंकि जब आप कभी घूमने जाएं तो, कुल वास्तविक खर्चे के अनुमान से ज्यादा अपने साथ लेकर चले ताकि किसी भी ऐसी स्थिति से निपटा जा सके, जिसमें ज्यादा खर्च होने की सम्भावना हो गई हो। जैसे हम 2009 के अक्टूबर में कलियर गये थे जबकि हमें रूड़की उतरना था लेकिन हम एक स्टेशन पहले ही उतर गये। वहाँ हमें एक स्टेशन मास्टर ने टिकट होने के बावजूद पकड़ लिया। हमारी गलती बस इतनी थी कि हम जिस प्लेट फार्म पर उतरे थे उससे दूसरे प्लेट फॉर्म पर चले गये क्योंकि हमें कुछ खाना था और अभी–अभी एक एक्सप्रेस उसी प्लेट फॉर्म से गुजरी थी, तो टिकट चैकर ने समझा कि हम एक्सप्रेस ट्रेन से उतरे हैं। हमनें उसे खूब समझाया अपना टिकट भी दिखाया कि हम रेलवे के नियम के अनुसार ही यात्रा कर रहे हैं। लेकिन स्टेशन मास्टर हमें 5-6 पुलिस वाले एक चेम्बर में ले गया जहाँ हम से 600–600 रूपये की मांग की गई और कहा कि वरना जेल में बन्द कर देंगे। मेरा दोस्त रिहान परेशान हो गया क्योंकि वह घर से सिर्फ 800 रूपये लेकर ही चला था। वह जानता था कि उसके आने जाने का कुल खर्चा

500 रूपये लगेगा। मैने जैसे–तैसे समझाया और 300 रूपये हमें उन पुलिस वालों को देने पड़े क्योंकि उन्होंने हमें 2-2:30 घंटे तक परेशान किया था रात का वक्त था। पुलिस वाले भी खाली थे जबकि हमें किसी भी तरह 5 बजे तक कलियर पहुँचाना था। हम आपको यही सुझाव देंगे कि जब आप अपनी बीवी के साथ कहीं घूमने जाए या फैमिली के साथ जाएं तो वास्तविक अनुमानित खर्चे से ज्यादा अपने साथ रूपये लेकर जाएं क्योंकि पता नही कहां क्या मजबूरी खड़ी हो जाएं।

- हमेशा अपने साथ ए. टी. एम. कार्ड रखे। अगर आप अपनी गाड़ी से जा रहे है, तो गाडी के जरूरी कागजात और अतिरिक्त पेट्रोल किसी कैन में जरूर रखें ताकि रास्ते में परेशानी न हो और आप और आपकी पत्नी उस यात्रा का पूरा लाभ और आन्नद उठा सके।
- 'First Aid Box' आपके पास होना चाहिए साथ ही जरूरी प्रशिक्षण भी ताकि कहीं पर छोटी–मोटी चोट लगने पर आप एक–दूसरे की केयर बेहतर ढंग से कर सकें। इससे आप में प्यार दुगना हो जाता है।
- रास्तों की बेहतर जानकारी आवश्यक है। इसके लिए आप अपने साथ स्थान विशेष का रोडमैप रख सकते हैं ताकि आने जाने में कोई परेशानी पेश न आएं।
- जहां घूमने जाए पूरे वक्त एक–दूसरे के साथ रहे। एक दूसरे को अकेला न छोड़े, इससे उन्हें बुरा लगेगा।

- विजिटिंग के दौरान अपने ऑफिस या अपने काम से सम्बंधित तनाव की बातें न करे क्योंकि इससे मन विचलित होता है जिससे पूरी विजिट का मजा किरकिरा हो सकता है।
- किसी भी तरह की ओवर एक्टिंग से बचे।
- एक–दूसरे की भावनाओं का पूरा ख्याल रखें। किसी दूसरे कपल पर विशेष ध्यान न दें और न ही अपनी बीवी या पति से किसी कपल के सन्दर्भ में तारीफ करें क्योंकि ऐसा करना आपको भारी पड़ सकता है। आप सिर्फ एक दूसरे का पूरा ख्याल रखें।
- अपने लिए प्यार के लम्हें खोजे और उन्हें जी ले। उन्हें ऐसे जिये जिससे वे लम्हें यादगार बन जाए। यह आपकी रचनात्मक सोच पर निर्भर करता है कि आप कैसे अपने शादी–शुदा प्यार को बुलन्दी पर पहुँचाते है और अपनी यात्रा को यादगार बनाते हैं।
- अगर कोई वास्तव में परेशानी में दिखे, तो उसकी मदद जरूर करें। यह आपके साथी के लिए आपके व्यक्तित्व का दर्पण हो सकता है। याद रहे ऐसा आप अपने पति या पत्नी को दिखाने के लिए नहीं बल्कि इन्सानियत के लिए करेंगे।
- एक–दूसरे के साथ खुशियां बांटिये, एक–दूसरे को खूब प्यार कीजिए।
- जब भी आप कहीं जाएं, तो वहां आप अपनी बीवी को लाल गुलाब का फूल जरूर दें। उन्हे 'आई लव यू' बोले। उनका प्यार से हाथ पकड़ कर चले। बोरियत न फैलाए, कुछ न कुछ एन्टरटेनिंग करते रहे।

- विजिट के दौरान आप दोनों एक दूसरे की वहाँ किसी अन्य से तुलना न करें बल्कि एक–दूसरे की तारीफ करें और बोरियत से बचे रहने की पूरी कोशिश करें ताकि आपकी यात्रा सफल हो।
- अपने परिवार के साथ जाएं तो सबका बराबर ख्याल रखें और एक–दूसरे को नजर अन्दाज किये बिना अपनी यात्रा का पूरा आनन्द ले।

आपकी यात्रा आपको एक दूसरे के करीब लाने के साथ–साथ आपके बीच प्यार बढ़ाने में बहुत मदद करेगी। इसलिए ऊपर बताए सुझावों को ध्यान रखें।

पत्नी के काम में हाथ बंटाना भी प्यार को बढ़ाता है

घर का काम भी कोई कम नहीं होता। ऐसा करते–करते पत्नी भी हार–थक जाती है। अगर आप घर पर ही है तो पत्नी के साथ काम में हाथ बंटा सकते हैं उन्हें बहुत अच्छा लगेगा। वह खुद ही आपको घर का काम नहीं करनें देंगी मगर आप ऐसा करते है, तो जाहिर है कुछ तो होगा ही। अगर आपकी पत्नी की तबीयत खराब हो जाती है और खाना बाहर से लाना भी सम्भव न हो, तो आप खाना खुद बनाइए और पत्नी को खुद अपने हाथों से खिलाए। फिर देखना उनकी आधी बीमारी तो खुद ही ठीक जाएगी और आपके प्रति उनके दिल में बेशुमार प्यार पैदा होगा। ऐसे कामों में बिल्कुल नहीं शर्माना चाहिए क्योंकि आप अपनी पत्नी या अपने प्यार के लिए ऐसा कर रहे हैं, जमाने के लिए नहीं। अगर ऐसा जमाने के सामने भी करना

पड़े तो शर्म किस बात की? इससे तो आपका प्यार बढ़ेगा ही। वैसे भी वह आपकी पत्नी है जो आपकी जिन्दगी का अभिन्न हिस्सा है। हम यह मानते हैं कि अगर जिन्दगी में प्यार बना रहे तो इससे ज्यादा बढ़कर दुनिया में और कोई चीज नहीं हो सकती। ऐसा कुछ नहीं है कि आपको खाना बनाना नहीं आता है, तो आप बना ही नहीं सकते, आप बना सकते हैं, अपने प्यार के खातिर। इसलिए ही थोम्स कार्ले ने कहा है कि "एक प्यार भरा दिल सभी जानकारियों की शुरूआत है।" अतः पत्नी के काम में हाथ बंटाने से आप में एक सहयोगात्मक और एक कलात्मक प्रवृत्ति का विकास होता है। फिर किचन में होने वाली शरारतें तो आपके प्यार को और भी बढ़ा देंगी।

नशा, शादी और प्यार दोनों के लिए खतरनाक

हर एक चीज की मर्यादा होती है। हर रिश्ता एक मर्यादा में ही निभ सकता है। कोई भी रिश्ता एक तरफा नही हो सकता। जो लोग किसी पर अपनी इच्छाएं थोपते है वे किसी भी रिश्ते को सफलतापूर्वक नहीं निभा सकते क्योंकि सहमति एक महत्वपूर्ण भूमिका निभाती है। आप ऐसा कुछ न करे जिससे आपके साथी को अपना महत्व कम होता हुआ दिखाई दे। नशा करना, शराब पीना न केवल आपके स्वास्थ के लिए हानिकारक है बल्कि आपके बच्चों के लिए भी खतरनाक है। जो लोग शराब पीकर या कोई अन्य नशा करके अपनी पत्नी के करीब जाने की कोशिश करते हैं। जबकि ज्यादातर पत्नियां चाहती है कि पति किसी भी नशे से दूर रहे लेकिन अगर पति नशे की हालत में उसके पास आता है तो वहा सहमति नहीं होती जिससे प्यार के

बजाय नफ़रत पैदा होती है। नशा न केवल प्यार कम करता है बल्कि यह नफ़रत और अशांति को जन्म देता है, घर में लड़ाई–झगड़ों और तंगी का कारण बनता है जिसका बच्चों के मन–मस्तिष्क पर बड़ा गहरा दूरगामी प्रभाव पड़ता है।

अगर घर में अमन–चैन और शांति चाहिए तो आपको अपना प्यार बढ़ाना पड़ेगा प्यार ही वह ताकत है जो व्यक्ति को सही रास्ते पर चलाती है और नेक तथा बड़े–बड़े काम करने के लिए प्रेरित करती है। इसलिए मदर टेरेसा ने कहा है कि 'हम इस पृथ्वी पर बड़े काम नहीं कर सकते लेकिन प्यार से बड़े–बड़े काम कर सकते हैं।'

कई लोग पैक लगाकर शारीरिक नजदीकी बनाते हैं या बनाने की कोशिश करते हैं और नशे में नैतिक–अनैतिक सब कुछ भूल जाते हैं। क्योंकि नशे में उन्हें होश नहीं रहता और बिना होश के कोई भी काम सही नहीं हो सकता। जिसके भविष्य में बड़े दूरगामी परिणाम आते है। विशेषज्ञ कहते हैं कि जब भी शारीरिक संबंध बनाए कभी भी किसी प्रकार का नशा न करें क्योंकि इससे व्यक्ति का मानसिक संतुलन बिगड़ जाता है। परिणाम स्वरूप वह गलत से गलत काम कर बैठता है जिससे दोनों को ही अनेक प्रकार की परेशानियां घेर सकती हैं।

नशा करने वाले पति को कोई पत्नी पसन्द नहीं करती। हर पत्नी चाहती है कि उसका पति नेक इन्सान होने के साथ–साथ उसे काफी प्यार करने वाला हो लेकिन कई बार नशा करने वाले पति को सहन करना पत्नी की मजबूरी बन जाती है। रिश्तों का निर्माण इतना सहज और प्राकृतिक होना

चाहिए जिसमें कभी किसी के साथ रहना मजबूरी न बने क्योंकि मजबूरी वाले रिश्ते में प्यार कहीं से कहीं तक नहीं होता अगर कुछ होता है, तो सिर्फ ज़िन्दगी को धक्का देना। हर किसी की ज़िन्दगी अनमोल होती है अगर आप किसी के लिए अपनी कुछ कमियों को सुधार लोगे तो उन्हे बहुत अच्छा लगेगा। आपकी पत्नी आप से खुश रहेगी, घर में खुशी होगी, तनाव से मुक्ति मिलेगी। घर में आपकी इज्ज़त होगी और कुल मिलाकर आपके और आपकी बीवी के बीच प्यार बढ़ेगा। इसी सन्दर्भ में विर्गिल के विचार उल्लेखनीय है जो कहते हैं कि "प्यार सबको जीत लेता है, हमें प्यार के आगे आत्मसमर्पित होने दो।" वैसे भी ज़िन्दगी में प्यार से बढ़कर और कुछ नहीं होता। अगर आपमें ऐसे किसी प्रकार के नशे की आदत है, तो कृप्या करके इसे अपने प्यार, अपनी बीबी–बच्चो के लिए छोड़ दीजिए क्योंकि इससे आपका और आपके समाज का भला होगा। ज़िन्दगी में लोग प्यार पाने के लिए पता नहीं क्या–क्या छोड़ देते हैं, तो क्या आप नशा नहीं छोड़ सकते?

घरेलू हिंसा से बाज आये

प्यार कहने भर से नहीं होता। प्यार का आधार शादी नहीं होता बल्कि प्यार के विकास और इसकी वृद्धि का आधार आपका व्यवहार होता है। 'सत्यमेव जयते' टॉक शो में आमिर खान ने घरेलू हिंसा का मुददा भी उठाया था। जिसमें यह बात सामने आयी थी कि महिलाओं के साथ सबसे ज्यादा हिंसा घर के अन्दर होती है। यहां यह बात स्पष्ट है कि पत्नी के प्रति हिंसा कौन करता है? निश्चित रूप से पत्नी के विरूद्ध हिंसा की

कार्यवाही में पति ही ज्यादा शामिल रहते है। कई बार तो वे अपने घरवालों के सिखावे में अपनी पत्नी की मामूली–मामूली सी गलतियों पर हिंसात्मक हो जाते है, जो सचमुच निन्दनीय और खतरनाक है। 'बीवी के हुकूक' और अग्नि को साक्ष्य मानकर लिए गये 'सात फेरे' इस कार्यवाही की इज़ाज़त नहीं देते।

जरा सोचिए जो महिला आपकी पत्नी के रूप में आपके घर में मौजूद है, क्या घर के दूसरे सदस्यो के समान 'इज़्ज़त' पाना उनका हक नहीं है। घर के सभी सदस्य उनकी इज़्ज़त करें क्या यह जरूरी नहीं है? मुख्य रूप से पत्नी के सम्मान और सुरक्षा की जिम्मेदारी किसकी है?

देखिए, आपकी पत्नी आपकी है। उन्हें पूरा सम्मान और सभी का प्यार मिले यह सुनिश्चित करना आपकी जिम्मेदारी है अर्थात पति की जिम्मेदारी है। भारत में पत्नी जिस पति को परमेश्वर मानती है, उससे हिंसा की उम्मीद नहीं की जाती क्योंकि परमेश्वर का गुण होता है सबकी रक्षा करना और दयालु होना। अगर आप अपनी पत्नी के विरूद्ध हिंसा करते है या घर में उनका सम्मान और रक्षा सुनिश्चित नहीं करा पा रहे हैं, तो आप ज़िन्दगी में और क्या कर सकते हैं? जो पति अपनी पत्नी के विरूद्ध हिंसा करते हैं, वे कभी भी अपनी पत्नी का प्यार और सम्मान नहीं पा सकते। आपके और आपकी पत्नी के बीच कभी तालमेल नहीं बैठ सकता है।

अपनी समझदारी का परिचय देकर आप अपनी पत्नी का पूरा सम्मान करें, उनका ख्याल रखें और बिना तार्किक आधार के पत्नी के विरूद्ध कोई कार्यवाही न करें। साथ ही घरवालों में

खुद का व्यक्तित्व ऐसा बनाए जो वे आपके साथ–साथ आपकी पत्नी का भी सम्मान करें। काबिल–ए–गौर बात यह है कि किसी भी धर्म में औरत या पत्नी के विरूद्ध हिंसा को स्वीकार नहीं किया गया है। ज़िन्दगी में प्यार चाहिए तो इस तुच्छ प्रवृत्ति से आपको बाज आना पड़ेगा।

शादी–शुदा ज़िन्दगी में सफलता पूर्वक जीवन जीने के लिए इसमें प्यार का होना अति आवश्यक है। यह बात उल्लेखनीय प्रतीत होती है कि आमिर खान के टी.वी. टॉक शो 'सत्यमेव जयते' की टीम ने जब एक पति से पूछा कि आप अपनी पत्नी को क्यों मारते हो, तो उसने कहा 'हम काम करके आते हैं, यह लेटी हुई मिलती है, तो हम अपनी पत्नी को खूब मारते है और जब रोती हैं तो एक पान दे देते हैं, चुप हो जाती है।' वास्तव में यह कोई तरीका है या हिंसा का कोई वास्तविक कारण? जब आप अपनी पत्नी को अर्द्धांगनी कहते है, तो इसका मतलब होता है कि आप भी उनके बिना पूर्ण नहीं है, तो फिर ऐसी नादानी क्यों? गलती किसी से भी हो सकती है। अगर पत्नी से कोई गलती हो जाती है, तो उन्हें प्यार से समझाए हिंसा करके गलती ठीक नहीं होगी बल्कि यह तो स्वयं में एक और गलती होगी।

छोटी–छोटी बातों को बतंगड़ न बनाए क्योंकि हिंसा से हिंसा बढ़ती है और नफ़रत की भावना पैदा होती है प्यार को नुकसान होता है जबकि अगर आप सही तरीके से, प्यार से और सब्र से समझाते है और बात को खत्म करते है तो निश्चित रूप से प्यार बढ़ेगा। आज कल पत्निया भी पतियों पर हाथ उठाने लगी है उन्हें भी ऐसी हरकते नहीं करनी चाहिए। धैर्य रखे और

प्यार के विस्तार की कोशिश करें। क्योंकि प्यार से शादी–शुदा जीवन की सफलता है। किसी के बहकावे में न आए क्योंकि जीवन तुम्हारा है। इसलिए आपका जीवन, आपके निर्णय आप पर निर्भर करते हैं किसी अन्य पर नहीं।

प्यार का दायरा निर्धारित करना मुश्किल

प्यार कोई विषय नही जिसे किसी सिद्धांत में बांधा जाए। प्यार कोई परम्परा नहीं जिसे किसी समुदाय विशेष से जोड़ा जाए। प्यार कोई देश या राज्य नहीं जिसकी सीमा निर्धारित की जाए। प्यार कोई गेम नहीं जिसे खेला जाए। प्यार कोई कानून नहीं जिसे लागू किया जा सके। प्यार तो सच्चे दिल से और दिल की गहराई से निकली ऐसी भावना है जिसकी कोई सीमा रेखा नहीं है क्योंकि प्यार न तो कोई जाति देखता है और न ही कोई उपजाति। प्यार न तो धर्म देखता है और न ही देश–विदेश साथ ही साथ प्यार न तो किसी जाति या धर्म से निर्धारित किया जा सकता है और न ही किसी रीति या रिवाज से।

प्यार किसी भी जाति–उपजाति, समुदाय या धर्म विशेष में हो सकता है क्योंकि यह तो दो लोगों की भावनाओं पर निर्भर करता है कि उन्हें किससे प्यार हो जाए। हम यह नहीं कह रहे है कि प्यार एक दम हो जाता है। अगर आपको कोई अच्छा लग रहा है लेकिन उसमें बहुत सी बातें हैं जो आपके अनुकूल नहीं है, तो आप–एक दो बार जरूर सोचे कि जिस व्यक्ति के प्रति आप प्यार उभरता देख रहें हैं क्या वह सही है? क्या प्यार का रिश्ता कामयाब हो सकता है। क्या–क्या परेशानियां आ सकती हैं? यहां से तो आप पीछे हट सकते हैं।

अगर आपको किसी से प्यार हो गया है, तो फिर पीछे मुड़ कर कभी न देखें। दिल में ठान ले कि प्यार करना हैं तो एक को ही करना है, बेशुमार करना है, कभी धोखा नहीं देना है। पूरी ईमानदारी, पूरी प्रतिबद्धता के साथ करना है और उसी के लिए जीना है क्योंकि अगर आपको किसी से प्यार हो गया है और वह भी आपके प्रति प्यार को लेकर उतना ही गम्भीर है, तो पीछे हटने की कोई जरूरत नहीं है। क्योंकि यदि आप अपने धर्म, समाज, रीति–रिवाज या घरवालों के दबाव में अपने साथी को छोड़ने का फैसला करते हैं, तो आपके साथी को इतना दुख होगा कि अगर उसे खुद को मिटाना भी पड़े, तो वह ऐसा करने से पीछे नहीं हटेगा। इस तरह हम बयां कर सकते है–

"एक छोटी सी बात जिसे बहुत कम लोग समझते है, आंसू तब नहीं आते, जब आप किसी को खो देते है, ये तो तब आते है, जब आप खुद को खोकर भी, किसी को पा नहीं सकते।"

इसलिए अगर आप किसी से प्यार कर रहे हैं, तो उसे ही पूरे दिल–ओ– जान से, पूरे इमान से करते रहें। कहते है कि जो किसी को सच्चे दिल से प्यार करता है, उसे मिलाने के लिए सारी कायनात लग जाती है। पूरी कोशिश करें अपने प्यार को पाने की क्योंकि वे लोग बदनसीब होते हैं, जिन्हें सच्चा प्यार नहीं मिलता और वे लोग और भी ज्यादा बदनसीब होते है जिन्हें सच्चा प्यार मिलकर भी प्यार नहीं मिलता।

अगर आप किसी को प्यार करते है, तो सबसे पहले याद रखने वाली बात यह है कि आप उनके प्रति ईमानदार बने रहिए

और शक को अपने पास फटकने भी न दे क्योंकि यह प्यार का सच्चा दुश्मन है।

कई लोग ऐसे होते हैं जो पहले किसी को खूब प्यार करते हैं लेकिन बाद में किसी ओर खूबसूरत साथी के मिल जाने पर, अपने प्यार को नज़र अन्दाज़ करने लगते है। या फिर अपने घरवालों के दबाव में अपने साथी को छोड़ने का फैसला कर लेते है, जो उनके द्वारा उठाया गया एक गलत कदम होता है। क्योंकि वे भूल जाते है कि इससे उनके पहले साथी को कितना दुख पहुँचेगा।

यदि कोई अपने घरवालों के दबाव में अपने प्यार के रिश्ते को तोडने या छोड़ने को राजी होता है, तो इसका मतलब यह है कि वह अपने प्यार के प्रति पूर्ण रूप से गम्भीर नहीं था। अगर वह इन्सान अपने प्यार के प्रति पूर्णतः गम्भीर है, लेकिन फिर भी अपने प्यार के रिश्ते को तोड़ने को मजबूर हो रहा है, तो इसका मतलब यह है कि प्यार को रीति–रिवाज या जाति तथा समुदाय के सामने झुकना पड़ रहा है। फिर यह क्यों कहा जाता है कि प्यार कभी नहीं मरता? हाँ प्यार कभी नहीं मरता क्योंकि इन्सान मरते हैं। सच्चा प्यार करने वाले किसी के सामने नहीं झुकते और न ही झुकना चाहिए। माता–पिता को भी समझना चाहिए कि वक्त बदल रहा है और वक्त से साथ बदलना ही प्रकृति का नियम है। जब संसार में कुछ भी स्थायी नहीं है, तो हम पुरानी रूढ़ियो को क्यो ढोते रहे? महान वैज्ञानिक डार्विन का सिद्धान्त "Survival of the fittest" कहता है कि जो जीव बदलती हुई

परिस्थितियों के अनुसार खुद को ढ़ाल लेते हैं वे आगे बढ़ जाते हैं। वरना सब मारे जाते हैं या पीछे रह जाते हैं। यह सिद्धान्त यहाँ भी लागू होता हैं कि माता–पिताओं को अपने युवा बच्चों के भविष्य से संबंधित सभी निर्णय स्वयं नहीं लेने चाहिए और उन पर अपनी तमाम इच्छाएं नहीं थोपनी चाहिए बल्कि युवा बच्चों की पसन्द का सम्मान करना चाहिए क्योंकि आज के युवा आधुनिक शिक्षा प्राप्त कर रहे हैं। देश–विदेश की घटनाओं पर उनके विचार महत्वपूर्ण है और सरकारें भी युवाओं के निर्णय के सामने झुकती नजर आ रही हैं। जब पूरा देश युवाओं से यह उम्मीद करता है कि वे देश में बदलाव लाएंगे, तो इसका मतलब होता है कि आपके युवा बच्चों में सही गलत की पहचान करने की क्षमता है। जब वे देश को बदलने जैसे महत्वपूर्ण निर्णय ले सकते हैं, तो इसका मतलब है कि वे अपने देश की प्रगति व सम्मान के लिए कदम उठाने में सक्षम है, तो वे अपना जीवन साथी चुनने में भी सक्षम है। जब आप इस बात में यकीन कर सकते है कि आपके युवा बच्चे देश में बदलाव ला सकते है, तो आप इस बात में यकीन क्यों नहीं करते कि वे अपना बेहतर जीवन साथी भी चुन सकते हैं। अगर आप इस तथ्य से इत्तेफाक नहीं रखते तो इसका मतलब है कि आप अपने युवा बच्चों की काबिलियत पर यकीन नहीं करते हैं। आप इस तथ्य को तो मानेंगे ही कि हर किसी के पास अपना अलग दिमाग है, जो उसे ईश्वर ने अपना विकास करने, सही गलत में अन्तर करने के लिए दिया है। My childhood में पूर्व राष्ट्रपति ए.पी.जे. अब्दुल कलाम लिखते है कि हर किसी को ईश्वर ने अलग दिमाग दिया

है ताकि वह उसका इस्तेमाल कर अपना विकास कर सके इसलिए माता–पिता अपने बच्चों को अपनी राय दे सकते है लेकिन थोप नहीं सकते। स्पष्ट है कि माता–पिताओं को अपने युवा बच्चों की पसन्द का सम्मान करना चाहिए। हाँ, माता–पिता अपने युवाओं की पसन्द की जांच पड़ताल कर सकते हैं। जीवन साथी की पसन्द के लिए अपने युवा बच्चों से यह कहना कि रीति रिवाज, समाज को आगे रखकर चलना जरूरी है वरना हमारे रिश्तेदार क्या कहेंगे? गलत बात है क्योंकि यह समाज, यह रीतियाँ, और ये रिवाज आपसे है। आप चाहे तो इन्हें बदल भी सकते है। क्योंकि रीति–रिवाज या किसी का कथित सम्मान किसी की ज़िन्दगी से बढ़कर नहीं होता।

सच्चा प्यार करने के बावजूद उनसे उनके प्यार को छोड़ने को कहते हैं, उनके प्यार को भूल जाने को कहते हैं लेकिन कोई सच्चा प्यार करने वाला अपने साथी को कैसे छोड़ सकता है? पर ऐसे सच्चे प्रेमी–प्रेमिकाओं से उनके माता पिता उनकी ज़िन्दगी ही छीन लेते है अर्थात अपने युवा बच्चों को मार देते है। कोई अब उनसे यह पूछे कि अब उनकी इज़्ज़त खराब नहीं हुई? क्या ऐसा करने से उनके सम्मान की पुनः प्राप्ति हो गई। क्या समाज में उनका कद ऊँचा हो गया? आपके द्वारा अपने युवा बच्चे का खून करने से कुछ नहीं बदलता और न ही बदल सकता है। बल्कि आप ही खुद की नजरों में खूनी हो गये, हत्यारे हो गये और समाज की नजरों में भी, कानून की नजरों में भी और अपने रिश्तेदारों की नजरों में भी आप ऐसा करके खूनी बन जाते है। हाँ काफी कुछ बदल सकता था अगर आप

अपने युवा बच्चों की पसन्द का सम्मान करते और इसकी जांच पड़ताल करके उन्हें उनके प्यार से मिलाने का प्रयास करते।

काबिले–गौर तथ्य यह है कि जब कोई भी धर्म प्यार करने को मना नहीं करता, पाबन्दी नहीं लगाता, तो फिर आप क्यों धर्म से ऊपर उठ रहे हैं? इस्लाम धर्म भी "कलमे का शरीक" होने पर शादी करने की इज़ाज़त देता है। इसके बावजूद भी हमने जाति व्यवस्था को धर्म से ऊँचा क्यों उठा रखा है। जब आप धर्म के छोटे–छोटे नियम–कायदों का भी पालन नहीं कर सकते, तो पाखण्ड करने की क्या जरूरत है?

प्रत्येक धर्म लोगों को मर्यादा में रहने, एक–दूसरे का सम्मान करने तथा शांति पूर्ण तरीके से रहने तथा हिंसा का निषेध करने की सीख देता है लेकिन किसी से प्यार करने को मना नहीं करता है।

जो लोग प्यार का विरोध करते हैं वे पूर्वाग्रहों से ग्रस्त हैं तथा प्यार को नहीं समझते। क्योंकि प्यार को किसी रीति–रिवाज में नहीं बाँधा जा सकता साथ ही प्यार करना किसी संस्कृति के विरूद्ध नहीं है। क्योंकि कोई भी संस्कृति तभी विकसित और खुश रह सकती है जब उसके लोगों में सद्भाव और परस्पर प्यार हो। प्यार ऐसी चीज है, जो अमन लाता है शांति लाता है तथा खुशहाली लाता है, साथ ही नेक काम करने और आगे बढ़ने को प्रेरित करता है।

प्यार को किसी समुदाय, समाज या देश विशेष का मोहताज नहीं किया जा सकता और न ही प्यार इनका मोहताज है क्योंकि

प्यार सीमामुक्त है। जो लोग सच्चा प्यार करते हैं, अपने प्यार की अहमियत समझते हैं, वे न तो किसी जाति, समुदाय की परवाह करते हैं और न ही किसी के सामने झुकते हैं। चाहे उन्हें अपने प्यार के लिए अपनी जान देनी पड़े, वे दे देते है और इस बात में गर्व महसूस करते है कि वे जब तक जिये अपने प्यार के लिए जिये और अपनी आखिरी सांस तक उन्होंने अपने प्यार से वफादारी की क्योंकि किसी भी आधार पर अपने प्यार के साथ धोखा करना गलत है, बेवफाई है।

प्यार वर्ग विहीन, समाज विहीन, धर्मविहीन और राज्यविहीन है क्योंकि प्यार किसी को भी किसी भी वर्ग में, किसी समाज में, किसी धर्म में तथा किसी भी राज्य में हो सकता है। ऐसे बहुत उदाहरण मिल जाएंगे कि राजाओं के राजकुमारों तथा राजकुमारियों को भी बड़े ही साधारण लड़कियों तथा लड़कों से प्यार हो गया था। उनकी शादियां भी हुई और बच्चे भी। आज तो आधुनिक जमाना है जहां व्यक्ति को स्वयं निर्णय लेने की आजादी दी जाती है ताकि वह अपना विकास कर सके जिसमें इसे जीवन जीने का अधिकार भी शामिल है तथा जीवन जीने के लिए प्यार जरूरी है। ऐसे में अगर कोई किसी से सच्चा प्यार करता है और उसी से शादी करने का निर्णय लेता है, तो उसके फैसले का सम्मान किया जाना चाहिए। प्यार तो इतनी मजबूत भावना है जो विदेशी को भी अपना बना लेती है और दो दुश्मन मुल्क भी प्यार करने वालो को नहीं रोक पाते। जैसे रोमानियां के जिम्नास्ट नाडिया कौमनेस्टी और अमेरिकी जिमनास्ट बार्ट बेन

कॉनर और भारतीय टेनिस स्टार सानिया मिर्जा तथा पाकिस्तानी क्रिकेटर शोएब मलिक का प्यार शादी के मुकाम पर पहुँचा और आज वो अपना खुशहाल जीवन जी रहे हैं। एक दूसरे के साथ, जबकि सानिया व शोएब का मुल्क अलग–अलग है, जातियां अलग–अलग है पर दोनों का धर्म एक है। वास्तव में जाति, धर्म या मुल्क प्यार से बाहर की बात है तभी तो सानिया–शोएब की तरह अन्य लोग अलग–अलग देशों, धर्मो, जातियों और समुदायों के बावजूद एक हो जाते है। ऐसे प्यार करने वालों की लम्बी लिस्ट है, जो एक–दूसरे के दूश्मन देश के नागरिक होने के बावजूद अपने प्यार को पाने में कामयाब रहे और सफलता पूर्वक तथा सम्मान से अपना जीवन जी रहे है। यह लिस्ट इस प्रकार है–

- रोमानिया के जिमनास्ट नाडिया कौमने सी और अमेरिकी जिमनास्ट बार्ट बेन कॉनर। इन्होंने अपने देशों के खटास और तनाव भरे संबंधो से बेपरवाह होकर प्यार किया और फिर शादी। अब ये दोनों साथ–साथ जीवन बीता रहे है।
- अमेरिका और रूस की दुश्मनी कौन नहीं जानता? शीतयुद्ध इन दो देशों के बीच ही चला था। लेकिन अमेरिकी अभिनेता मेल गिब्सन और रूस की पियानो वादक ओकसाना ने एक दूसरे से प्यार किया।
- ब्रिटिश संगीत कार सील और जर्मनी की मॉडल हीदी क्लम की अन्तर नस्लीय जोड़ी विश्व भर में प्रसिद्ध है जबकि इन देशों के बीच दो–दो विश्व युद्धों का विध्वंस भी विश्व इतिहास में प्रसिद्ध है।

- ❖ अमेरिकी अभिनेता मिक्की रोश्के और रूसी मॉडल एलेनिया कुलेत्सकाया। इनका प्यार शीत युद्ध के दौरान ही परवान चढ़ा था लेकिन इनके रिश्तों में कोई आंच नहीं आयी।

नोट– यह लिस्ट दैनिक जागरण समाचार पत्र से ली गई है।

ऐसा नहीं है कि ऐसा होना सिर्फ विदेशों में ही सम्भव है बल्कि भारत में भी ऐसे अनेक उदाहरण मिल जाते है जैसे सानिया–शोएब के प्यार और शादी के बारे में तो सभी जानते है। इनके अलावा भी कई लोगों ने पाकिस्तानी महिला या पुरूष से प्यार किया और शादी भी। जैसे बिहार के अंग्रेजी शिक्षक व लेखक अमिताव कुमार ने पाकिस्तानी नागरिक मोना अहमद से 1999 में शादी की थी। जबकि उन दिनों भारत व पाक के बीच कारगिल का युद्ध चल रहा था। इसी तरह दिल्ली में होटल चलाने वाले सईद शेरवानी ने 1986 में लाहौर की फरीदा से शादी की।

वास्तव में अपने देश की सीमा पार प्यार आसान नहीं होता। विशेषकर उन देशों के नागरिकों के लिए जिन देशों के रिश्ते सामान्य नहीं रहते और आपसी टकराव बना रहता है। लेकिन सच्चे प्यार में वह ताकत है जो सीमापार भी अपनी राह बना लेती है। शाहरूख खान, आमिर खान, ऋतिक रोशन या सैफ अली खान ही ऐसे उदाहरण नहीं है जिन्होंने अलग–अलग धर्म की महिलाओं से शादी की है बल्कि इनके अलावा भी तमाम उदाहरण पड़े हुए है। कुल मिलाकर कहने का मतलब यह है

कि प्यार को न तो किसी जाति–उपजाति, धर्म या समुदाय के बन्धनों में जकड़ा जा सकता है और न ही देश–विदेश की सरहदो में, क्योंकि

"परिन्दों को नहीं दी जाती तालीम उड़ानो की,
वे खुद ही तय करते है, मंजिल आसमानों की,
रखता है जो हौसला आसमान को छूने का,
उसकों नहीं होती परवाह गिर जाने की।"

— अज्ञात

प्यार और वैलेंटांइन डे

प्यार के बारे में अब तक काफी चर्चा हो चुकी है। लेकिन अब सवाल यह है कि प्यार के लिए अघोषित दिन 'वैलेंटांइन डे मनाना चाहिए या नहीं? जो भारत में काफी चर्चा का विषय रहता है। इस बारे में चर्चा करने से पहले यह जान लेना जरूरी है कि वैलेंटांइन डे क्यों मनाया जाता है?

देखिए वैलेंटांइन डे रोमन इतिहास से जुड़ा हुआ है। रोमन इतिहास में वैलेटांइन ऑफ रोम, वैलेंटांइन ऑफ टेर्नी एवं वैलेंटांइन तीन संतों का जिक्र है। लेकिन इन तीनों को लेकर एक बात में समानता है कि इन तीनों को 14 फरवरी को फाँसी दी गई थी। प्यार और अपने मन का इजहार करने वाले दिन को लेकर इतिहास एक मत नहीं है और उनके पास इसके पुख्ता प्रमाण भी नहीं है। लेकिन इसको लेकर एक कहानी प्रचलित है जो एक वैलेंटांइन नामक सन्त से सम्बधित है। रोम जो आज इटली की राजधानी है, में एक शासक हुआ करता था, जिसका नाम क्लोडियस था। वह बहुत ही अत्याचारी और दुष्ट था। उसका मानना था कि सैनिकों को शादी नहीं करनी चाहिए और उनकी कोई प्रेमिका भी नहीं होनी चाहिए क्योंकि अगर सैनिक शादी कर लेंगे तो वे युद्ध भूमि में युद्ध लड़ने के बजाय अपने घर लौट जाने को आतुर रहेंगे। इसी कारण रोम के शासक क्लोडियस ने सैनिकों को अविवाहित रहने का आदेश

दिया था। यह बात वैलेंटांइन नामक सन्त को सैनिकों की देशभक्ति के विरूद्ध लगती थी। इसलिये वैलेंटांइन नामक सन्त, क्लोडियस से चोरी छिपे सैनिकों की शादी उनकी प्रेमिकाओं से कराता था। लेकिन जब यह बात क्लोडियस़ को पता चली तो उसने सन्त वैलेंटांइन को 14 फरवरी को फांसी पर लटका दिया। ऐसा माना जाता है कि सन्त वैलेंटांइन को रोम के एक चर्च यार्ड में दफनाया गया और वहाँ के पोप ने 14 फरवरी को सन्त वैलेंटांइन डे घोषित किया। जबकि इन तीनों सन्तो में से किसी का भी नाम रोमांस से नहीं जुड़ा है।

अगर इस कहानी पर विचार करें, तो ऐसा कुछ नहीं लगता कि वैलेंटांइन ने कोई गलत काम किया था।

अगर हम इस बात की चर्चा पर लौटे कि वैलेंटांइन डे मनाना चाहिए या नही? तो इस विषय के सन्दर्भ में ऐसी कोई बात नहीं है जिसके आधार पर यह कहा जाए कि वैलेंटांइन डे मनाना अनुचित है। क्योंकि आज न केवल विश्व में बल्कि भारत में भी ऐसे अनेकों दिवस (डे) मनाए जाते है। जैसे– मदर्स डे, फादर डे, महिला सशक्तिकरण दिवस आदि। क्या माता–पिता के प्रति प्यार और सम्मान के लिए एक दिन पर्याप्त है? क्या महिला से सम्बधित समस्याओं को एक दिन में दूर किया जा सकता है? जवाब है नहीं। लेकिन ये दिवस लोगों को जागरूक करते हैं, प्रेरित करते है अपना आचरण ठीक करने के लिए। वास्तव में माता–पिता के प्रति हमारे दिल में प्यार और सम्मान सदैव बना रहना चाहिए और महिलाओं के प्रति समाज का नजरिया संवेदनशील होना चाहिए। इसी प्रकार वैलेंटांइन डे भी

मनाया जाता है। भारत में वैलेंटाइन डे को मनाने का एक और ऐतिहासिक कारण है वह यह है कि यहां अंग्रेज एक लम्बे समय तक रहे जो इसे त्यौहार को मनाते रहे जिससे भारतीय भी प्रभावित हुए। दूसरी बात यह है कि भारत अपने आप में विश्व की विविधता समेटे हुए है। इसलिए इस त्यौहार को मनाने से नहीं रोका जाना चाहिए। तीसरी मुख्य बात यह है कि भारत एक लोकतांत्रिक देश है जिसमें सभी लोगों को अपनी इच्छा के अनुसार रहने का अधिकार प्राप्त है। इसलिए उन्हें वैलेंटाइन डे मनाने से नहीं रोका जाना चाहिए। जहां सवाल यह है कि वैलेटाइन डे हमारी संस्कृति का अंग नही है या यह विदेशी प्रचलन है, तो हमारी राजनीतिक व्यवस्था और संविधान में भी बहुत से ऐसे प्रावधान है जो हमने पश्चिमी देशों से लिये हैं अतः वैलेंटाइन डे भी मनाया जा सकता है। इसलिए....

वैलेंटाइन डे मनाए लेकिन सीमा के दायरे में

सीमाओं के बाहर कोई भी चीज अच्छी नहीं लगती। इसलिए अगर आप वैलेटाइन डे मनाते है, तो अपनी सीमा में रहकर मनाए, सामाजिक स्वास्थ्य का ध्यान रखें क्योंकि सड़कों या सार्वजनिक स्थलों पर अश्लील हरकते करना प्यार नहीं है बल्कि यह तो फुहड़पन और अपने प्यार की खुद तौहीन करना है। असली प्यार तो वह है जो मान–सम्मान और मर्यादाओं के साथ अपने साथी को जताया जाए न कि जमाने को। जमाने को दिखाकर आप कुछ हासिल नहीं कर सकते सिवाए लोगों की भद्दी टिप्पणियों के। इसलिए ऐसा कुछ भी करने से बचे जिससे आपको और आपके साथी को गलत और भद्दी टिप्पणियां सुननी

पड़े। अपने साथी को खूब प्यार करें, उनका पूरा सम्मान करें और हमेशा ख्याल करें कौन मना करता है? मगर वैलेंटाइन डे को ही विशेष समझना ठीक नहीं है क्योंकि प्यार अपने साथी के लिए आपके मन में रहना चाहिए ताकि जीवन बेहतर तरह से जीया जा सके। वैलेंटाइन डे मनाने में कोई बुराई नहीं है लेकिन मर्यादा में रहकर मनाना चाहिए।

वैलेंटाइन डे हर कोई मना सकता है

वैलेंटाइन डे हर कोई मना सकता है क्योंकि अगर वैलेटाइन डे की शुरूआत पर नजर डालें तो हम पाते हैं कि सन्त वैलेटाइन खुद कोई प्रेमी नहीं थे। बल्कि उन्होंने तो सैनिकों की शादियाँ उनकी प्रेमिकाओं से करायी थीं। इसलिए वैलेंटाइन डे को सैनिक, बुर्जुग, युवा, पति–पत्नी और प्रेमी–प्रेमिका सभी मना सकते हैं। प्यार तो एक व्यापक अहसास है यह किसी ऐज–ग्रुप से नहीं जुड़ा है। वैसे भी लोकतंत्र में सभी को अधिकार और आजादी होती है इसलिए नागरिक अपनी स्वतंत्रता का इस्तेमाल कर सकते हैं और भारत में लोकतंत्र स्थापित है लेकिन याद रखें कि आपका कोई भी अधिकार या स्वतंत्रता निरंकुश नहीं है। अतः आप वैलेंटाइन डे मना सकते हैं मगर सामाजिक मर्यादा को ध्यान में रखते हुए क्योंकि सामाजिक व्यवस्था के विरूद्ध गतिविधि करने के कारण आपको सजा दी जा सकती है। वैलेटाइन डे हर कोई मना सकता है इसके लिए किसी पर किसी प्रकार की पाबन्दी नहीं है। मगर अपने प्यार के सम्मान और सामाजिक व्यवस्था के सम्मान और गरिमा को भी देखना जरूरी है।

समय के साथ बदलाव आवश्यक है

जब युग बदलता है, तो दूसरी चीजें भी बदलती हैं और बदलते ज़माने के साथ बदलना तथा चलना बहुत जरूरी है। क्योंकि एक ज़माना था जब स्वयंवर हुआ करता था, लड़की की डोली उठा करती थी। लड़कियां घरों से बाहर नहीं जाती थीं। लड़के–लड़कियां न तो साथ–साथ पढ़ते थे, न खेलते थे और न ही कहीं नौकरी करते थे? तब शादी जैसे मामलों में बच्चों का हस्तक्षेप बिल्कुल नहीं था लेकिन आज स्थितियां बदली हैं लड़के–लडकियां साथ–साथ खेलते हैं, पढ़ते हैं, जॉब करते हैं और घर की तमाम गतिविधियों और निर्णयों में उनकी भागीदारी रहती है। आज जब इतना कुछ हो रहा है, तो वैलेंटाइन डे मनाने में भी कोई बुराई नहीं है। बदलते समय के साथ बदलना पड़ता है। फिर वैलेंटाइन डे भारत में नया नहीं है यह यहाँ अंग्रेजों के समय से मनाया जाता है।

प्यार का दायरा व्यापक है

प्यार का दायरा काफी व्यापक है जिसके बारे में पहले ही बहुत चर्चा हो चुकी है। इसलिए प्यार को सिर्फ और सिर्फ एक दिन तक सीमित नहीं किया जा सकता। वैलेंटाइन डे को कोई भी मना सकता है कैसे भी मना सकता है क्योंकि जिस प्रकार इस सुखद अहसास को अलग–अलग भाषाओं में प्यार, प्रेम तथा लव और मोहब्बत कहा जाता है लेकिन इसकी तासीर में कभी कोई फ़र्क नहीं पड़ता। प्यार अपने आप में अनमोल है, आप वैलेंटाइन डे मना सकते हैं इसे मनाना या न मनाना आप पर निर्भर करता है बस प्यार एक दिन के लिए नहीं बल्कि हमेशा आपके साथी के लिए आपके दिल में रहना चाहिए।

तरीका बदला है प्यार या प्यार का भाव नहीं

जब खेतों में सरसों के फूल खिलते हैं। नये नये फूल महकते हैं। पेड़ो की कोंपले फूटती है, कोयल मधुर आवाज में गाती है और चारो और हरियाली नजर आती है। इसी को तो वसन्त कहा जाता है। वसन्त को प्यार की ऋतु भी कहा जाता है। वास्तव में प्यार के इजहार का तरीका बदला है जबकि प्यार की सीरत आज भी वही है। हर कोई इस दिन को अपने–अपने तरीके से मनाता है और अपने प्रेमी और प्रेमिका के प्रति अपने प्यार का इज़हार करता है। वैलेंटाइन डे को लेकर खास उत्साह होता है जैसा अन्य त्यौहारों को लेकर होता है। वैलेटाइन डे में ऐसा कुछ भी नहीं है जिसके आधार पर इसे न मनाया जाए। बस जरूरत इस बात की है लोग समाज की मर्यादा का ख्याल रखें। वास्तविकता तो यह है कि आज भारत में भी सिर्फ युवा नहीं बल्कि बुर्जुग लोग भी वैलेंटाइन डे अपने–अपने तरीके से मना रहे है।

खास है वैलेंटाइन डे

वैलेंटाइन डे अपने आप में एक ख़ास दिन होता है क्योंकि इस दिन के आगे–पीछे कई प्यार से संबंधित दिन पड़ते है। लेकिन सबसे ज्यादा उत्साह, उमंग और इन्तजार लोगों को वैलेंटाइन डे का ही रहता है। इस दिन प्रेमी–प्रेमिका, पति–पत्नी हर रोज से अलग कुछ नया करने की कोशिश करते हैं। अपनी ज़िन्दगी में प्यार के कुछ यादगार नये पल जोड़ने की कोशिश करते हैं। अपने साथी को उनके साथ होने का अहसास दिलाते

है, वैसे यह अहसास रोज दिलाते रहना चाहिए। इस दिन नये वादे भी करते है कुछ लोग, ये ऐसे क्षण होते है, जो व्यक्ति पर मनोवैज्ञानिक असर डालते हैं। इस दिन लोग सभी बुराईयों से दूर रहने की कोशिश करते हैं और कामकाजी लोग जो हर रोज नहीं मिल पाते अपने साथी से वे इस दिन अपने प्रेमी या प्रेमिका तथा पति या पत्नी की पूरा समार्पित कर देते हैं।

हम यहाँ यह बता दे कि सिर्फ वैलेंटाइन डे ही प्यार जताने का बेहतर मौका नहीं है। अपने प्रेमी या प्रेमिका, पति या पत्नी को प्यार करने का सिर्फ एक ही दिन नहीं है। बल्कि प्यार तो अपनों के प्रति हमेशा, हर दिन और हर पल उमड़ता रहना चाहिए। अगर आपका प्यार ऐसा नहीं है, तो वैलेंटाइन डे मनाना एक पाखण्डता से ज्यादा कुछ नहीं है क्योंकि सच्चे प्यार की कोई सीमा नहीं होती। उसके लिए कोई दिन विशेष नहीं होता। आप वैलेंटाइन डे मना सकते हैं। इसमें कोई बुराई नहीं है पर आपकी कोशिश होनी चाहिए कि आपका प्यार सिर्फ एक दिन तक ही सीमित न रहे बल्कि यह प्यार हमेशा आपके दिल में अपने साथी के लिए उमड़ता रहे, तभी इस दिन का मनाना सार्थक और अर्थपूर्ण हो सकता है। घरवालों, रिश्तेदारों तथा अन्य लोगों के लिए भी हमारे दिल में प्यार होता है लेकिन हर स्थिति में व्यक्ति की भूमिका अलग–अलग होती है। हमें इन भूमिकाओं का निर्वाह भी अपनी जिम्मेदारी के साथ करना चाहिए।

वैलेंटाइन डे न सिर्फ प्रेमी–प्रेमिका तथा पति–पत्नी के प्यार का दिन हैं बल्कि आप इसमें अन्य लोगों को भी शामिल कर सकते है। उन्हें भी खुशियां, प्यार और स्नेह बांट सकते।

यहाँ हम ऐसे ही टिप्स बता रहे हैं जिससे की वैलेंटांइन डे अर्थपूर्ण हो जाए। इसके लिए आप इस प्रकार के कदम उठा सकते हैं।

- ❖ अगर आप इस दिन गरीब और बेसहरा बच्चों को कुछ लाल रंग के गुब्बारे तथा कुछ चॉकलेट था कोई अन्य चीज जो आप दे सकते है, देंगे तो उन्हें काफी खुशी होगी। हर किसी को खासकर गरीब, बेसहारा और लाचार को भी अपनी खुशियों में शामिल करना मानवता के प्रति प्रेम करना है।
- ❖ इस दिन आप किसी अनाथालय या वृद्धाश्रम भी जा सकते है। जहां आप घर समाज से दूर किये गये लोगों के बीच खुशियां बाँट सकते हैं। अपनी हैसियत के अनुकूल उन्हें कोई उपहार भी दे सकते है। जिससे उन्हें भी अच्छा लगेगा और आपकों भी मानसिक सुकून मिलेगा।
- ❖ आप अपने प्रेमी–प्रेमिका तथा पति या पत्नी के साथ किसी बच्चे को छोटा–मोटा गिफ्ट दे सकते हैं। इससे बच्चा खुशी से उछल पड़ेगा। आप विक्लांग बच्चों की भी मदद कर सकते हैं। प्यार का मतलब यह भी है कि आप बेसहारा लोगों को भी सहारा दे और अपने प्रेमी या प्रेमिका को प्राथमिकता में सबसे ऊपर रखे।
- ❖ घर के बड़े–बुर्जुगों का विशेष ख्याल रखें तथा उनके पसन्द का खाना भी बना सकते हैं तथा उनकी जरूरत का उन्हें कोई उपहार भी दे सकते हैं।

- इस दिन आप अपने घर में सभी लोगों के साथ एक छोटी पार्टी का आयोजन भी कर सकते हैं। एक दूसरे को छोटो–मोटा गिफ्ट भी दे सकते हैं, बच्चों को रंग–बिरंगे गुब्बारे दे सकते हैं। इससे घर का माहौल रमनीय होगा। यही तो प्यार है।
- अपने पुराने दोस्तों के घर भी जा सकते हैं या उन्हें भी घर बुला सकते हैं। लेकिन सबसे पहले अपने प्रेमी या प्रेमिका तथा पति या पत्नी का ख्याल रखें और घरवालों को भी नजर अन्दाज न करें।
- वैलेंटाइन डे के दिन आप किसी गरीब, लाचार या बेसहारा को कपड़े दे सकते हैं या कुछ रूपये तथा कुछ जरूरी सामान भी दे सकते है। जैसे मुस्लिम लोग 'ईद–उल–फितर' की नमाज़ पढ़ने से पहले जक़ात या फ़ितरा देते है। आपकी वजह से ऐसे लोगों की भी कोई जरूरत पूरी हो सकती है। सबसे बड़ी बात यह भी है कि आपके मन को तसल्ली मिलेगी कि हाँ आज आपने कोई नेक काम किया है।

इस प्रकार सिर्फ अपने तक ही सीमित न रहे बल्कि दूसरों का भी ख्याल रखें तभी यह दिन "वैलेंटाइन डे" सार्थक और अर्थपूर्ण हो सकता है।

वैलेंटाइन डे पर क्या न करें

कोई भी चीज अपने अस्तित्व व महत्व को तभी बनाए रख सकती है, जब वह निर्विवाद हो। सभ्य और शालीनता के दायरे में हो। अतः आप और आपका प्यार सवालों के घेरे में न पड़े

इसलिए कुछ बातों से आवश्यक रूप से बचे। जैसे–

- जब आप वैलेंटाइन डे पर कहीं जाए तो एक्स्ट्रा ऑर्डीनरी बनने की कोशिश न करें क्योंकि जो बात सादग़ी में है, वह किसी ओर में नहीं।
- इस बात का ख्याल रखें कि आप किसी सार्वजनिक स्थल पर कोई अश्लील हरकत न करें क्योंकि इससे वहाँ का माहौल खराब हो सकता है और अपने बड़ों की वहाँ शर्म करे।
- अपने साथी को किसी पार्टी में या दोस्तों के सामने ऐसी कोई बात न कहें जिससे उनके सम्मान को ठेस पहुँचती हो।
- शराब या नशीले पदार्थों से दूर रहें लेकिन वैलेंटाइन के मौके पर खास ख्याल रखें।
- वैलेंटाइन डे पर आयोजित होने वाली किसी पार्टी में या अपने पति या पत्नी तथा प्रेमिका या प्रेमी से मिलने जाने के लिए गाड़ी तेज न चलांए क्योंकि ऐसे मौकों पर गाड़ी सड़क पर और दिमाग कहीं और चल रहा होता है। ट्रैफिक रूल्स को फोलो करें और दुर्घटना से बचे क्योंकि आपका कोई प्यारा आपका इन्तजार कर रहा है।
- देर रात तक पार्टीज में शामिल न रहें। अपना और अपने साथी का पूरा ख्याल रखें और एक–दूसरे की भावनाओं को नजर अन्दाज न करें।
- अपने गुस्से पर कंट्रोल रखें क्योंकि हमने कई लोगों को जरा–जरा सी बात पर उग्र होते हुए देखा है। यहाँ तक कि कई लोग तो अपने साथी को रास्ते में ही मारने–पीटने

तथा गलियाँ देने लगते है। लेकिन आप बिल्कुल ऐसा न करें।

❖ अगर आप किसी को चाहते हैं, लेकिन वह आपको नहीं चाहते और आपको पहले भी मना कर चुके हैं। तो आप यह न सोचे कि आज वैलेंटांइन डे है और आप आज उन्हे प्रॅपोज करेंगे तो वह मान जाएंगो। ऐसा करके आप उन्हें परेशान ही करेंगे और कुछ नहीं।

❖ अगर आपको किसी ने मना कर दिया है, तो आप गुस्से में आकर हिंसक न बने क्योंकि यह उनका अधिकार है कि वे किसे प्यार करें न करें। हाँ अगर आप दोनों पहले से एक–दूसरे को प्यार करते है तो ऐसी स्थिति नहीं आएगी। किसी नये इन्सान को प्यार करने के लिए मजबूर न करें क्योंकि मजबूर करना प्यार नहीं है।

❖ वैलेंटांइन डे के दिन कुछ लड़के सड़कों पर गुलाब का फूल हाथों में लिये फिरते है और किसी भी आती जाती लड़की को फूल दिखाकर 'आई लव यू' बोल देते है, तो किसी के ऊपर फूल फेंक देते है। आप ऐसा न करें क्योंकि यह आपके नकारात्मक पहलू को ही दिखाता है। साथ ही साथ आपकी छवि खराब होती है।

शादी-शुदा महिलाएं वैलेंटांइन डे पर क्या करे विशेष

प्यार ज़िन्दगी में हमेशा बना रहे यही हमारी, हमारे दिल की दुआ है। हर किसी की ज़िन्दगी में प्यार के पल जरूर आए और हमेशा बने रहें। हम कुछ खास बातें उन शादी–शुदा महिलाओं के लिए बताने जा रहे हैं, जो वैलेंटांइन डे पर अपने पति के

साथ घूमने या बाहर नहीं जा पाती है। सबसे पहले तो यह याद रखिए कि हर इन्सान में रचनात्मकता होती है और फिर ऐसे अवसरों पर प्यार के इजहार में लफ्ज़ों के साथ–साथ आपकी रचनात्मकता भी बेहद अर्थपूर्ण असर डालती है। इस अवसर पर कुछ करें ऐसा रचनात्मक जो पति को बना दे भावनात्मक। इस लिए आप ऐसा कुछ कर सकती हैं–

- **उपहार**– प्यार का इज़हार करने के लिए आप ऐसा कोई गिफ़्ट खरीद सकती है या फिर खुद बना भी सकती है, जिससे आपके पति के दिल के तार बज उठे और वे आपको एक दम अपने सीने से लगा ले। लाल और सफेद गुलाब दोनों भी एक साथ दे सकती हैं क्योंकि लाल प्यार के लिए और सफेद सम्मान के लिए।
- **सजाएं घर, मगर कैसे**

  प्यार को जीने के लिए रचनात्मकता का सहारा लेना ही पड़ता है। आप अपने घर को वैलेंटांइन डे पर इस तरह रोमांटिक तरीके से सजा सकती हैं ताकि यह आप दोनों के लिए यादगार बन जाए। जैसे–

  – इस दिन आप कमरे की दीवारो पर किसी चार्ट पेपर को लगाएं जिसमें आपने दिल बनाकर, उस दिल में अपने साथ अपने पति का नाम लिख रखा हो।

  – गुलाबी रंग या कमरे की दीवारों के रंग के अनुकूल के चार्ट पेपर पर जिसमें आपने 'आई लव यू' के नीचे अपने पति का नाम लिख रखा हो, ऐसा चार्ट पेपर भी दीवार पर लगा सकती हैं।

– अगर आपके पास आप दोनों की कोई रोमांटिक या खास फोटो है, तो उसे किसी अच्छे फोटो फ्रेम के साथ बेडरूम में सजा सकती हैं।

– वैलेंटांइन डे के दिन आप अपने कमरे में गुलाब की पंखुड़ियों से और सफेद गुलाब की पंखुड़ियों से अपना और अपने पति का नाम भी लिख सकती हैं।

– आप अपने कमरे में एक बड़ा सा दिल के आकार का गुब्बारा भी रख सकती हैं। इसके ऊपर बड़े–बड़े शब्दों में अपनी भावना भी व्यक्त कर सकती हैं।

– आप ऐसा ही काफी कुछ कर सकती है यह सब आपकी रचनात्मकता पर निर्भर करता है।

❖ पति का मनपसन्द का खाना बनाएं

आप अपने पति के लिए उनकी पसन्द का खाना बना सकती है जिसे अपने हाथ से खिलाएं। साथ ही आप कोई रोमांटिक बैकग्रांउड म्यूजिक बजा सकती हैं ताकि सारा माहौल प्यार के लिए समर्पित हो।

❖ कैसी हो आपकी ड्रेस

आज के दिन तो आप ऐसी ड्रैस जरूर पहने जो आपको बेहद आकर्षित बना दे अगर आप अपने अनुकूल बेहतरीन डिजाईन्ड गुलाबी कलर की ड्रैस पहनती है, तो माहौल बहुत ज्यादा प्यार से भरा होगा क्योंकि गुलाबी ड्रैस ज्यादातर महिलाओं पर अच्छी लगती है। इसके अलावा आप खुद पर जंचने वाली कोई अच्छी ड्रैस पहन सकती हैं। आप

इस दिन अपने पति के द्वारा खरीदी गयी या आपको गिफ्ट में दी गई ड्रैस भी पहन सकती है।

वैलेंटाइन डे से पूर्व एक ओर डे खास है 'प्रॉमिस डे'

फरवरी के महीने में एक ओर खास दिन आता है, जो प्रॉमिस डे के नाम से जाना जाता है। वैसे प्रॉमिस डे का कोई खास मतलब नहीं है और यह इतना प्रचलन में भी नहीं है लेकिन प्रॉमिस का खुद में बहुत ज्यादा महत्व है क्योंकि जब कोई अपने प्रेमी और प्रेमिका से वादा करता है तो वह इन्हें निभाने के लिए भी अन्दर से प्रेरित होता है। कुछ लोग मानते है कि वादे उतने ही करने चाहिए जितने निभाएं जा सकें। कुछ लोग कहते है कि वादे नहीं करने चाहिए क्योंकि वादे टूटने के लिए ही होते है। जबकि हक़ीकत इसके इतर है क्योंकि वादे लोगों को मनोवैज्ञानिक तौर पर इन्हें पूरा करने के लिए जुनून और जोश पैदा करते है। प्यार में वादे कई बार प्यार में पैदा होने वाली असुरक्षा की भावना को समाप्त करते है और प्यार को मजबूती प्रदान करते है। वादे करने चाहिए और उन्हें पूरा करने के प्रयास जरूर करते रहना चाहिए ताकि प्यार की गर्मी कम न हो सकें।

वादों को निभाना भी आपके व्यक्तित्व के सकारात्मक पहलू को दर्शाता है। कभी भी इस बात को लेकर डरना नहीं चाहिए कि आप वादे निभा नहीं सकते क्योंकि मन के हारे हार है, मन के जीते जीत...। अगर आप पहले से ही हार जाएंगे, तो फिर अपना प्यार कैसे पाएंगे अगर परिस्थितियाँ बहुत जटिल भी है, तो भी हार नहीं माननी चाहिए क्योंकि चुनौतियों का सामना

करना ही ज़िन्दगी का नाम है। प्यार पाने के लिए आपको वादे करने के साथ–साथ निभाने भी होते है और वादे निभाने के लिए तन–मन से मेहनत करनी होती है। प्यार की नीव ही वादों से रखी जाती है। जो लोग वादा करते हैं, दिल से निभाते है, वे अक्सर अपनी मंजिल पा लेते हैं। सच्चा प्यार पाने के लिए आपको अपने साथी से वादा करते हुए उन्हें पूरा करने की सभी कोशिशे करनी पड़ती है क्योंकि सच्चा प्यार बहुत कम लोगों को मिलता है।

याददाश्त बढ़ाता है और तनाव कम करता है आत्मीय आलिंगन (किस)

ज्यादातर लोग अपना अपना भावनात्मक लगाव प्रदर्शित करने के लिए भी आलिंगन यानी 'किस' करते हैं। पर आलिंगन के कई अन्य फायदे भी है।

समाचार पत्र डेली मेल के अनुसार वियना विश्वविद्यालय में हुए एक शोध में वैज्ञानिकों ने पाया कि जब कोई व्यक्ति अपने किसी साथी को 'किस' करता है, तो उसके रक्त में ऑक्सीटोसिन हार्मोन प्रवाहित होने लगता है। जो ब्लड प्रेशर, तनाव कम करता है और याददाश्त बढ़ाता है। वैज्ञानिकों ने कहा कि आक्सीटोसिन की सामाजिक व्यवहार में बड़ी भूमिका है। यह अभिभावको, बच्चों, दंपति में घनिष्ठता बढ़ाता है।

शोधकर्ताओं के अनुसार जब कोई अपने चाहने वाले को आलिंगन करता है, तो उनमें सहानुभूति बढ़ती है। यह सकारात्मक प्रभाव तभी पड़ता है जब लोग एक दूसरे पर विश्वास करते है

और परस्पर एक–दूसरे की भावनाओं को महसूस करते है। न्यूरोफिजिलाजिस्ट जुगेन सेंडंकुलर के अनुसार ऐसे लोग जो एक दूसरे को नहीं जानते और आलिंगन की इच्छा नहीं रखते तब 'किस' का कोई प्रभाव नहीं होता। हमारी इच्छा के बिना किसी अजनबी या परिचित द्वारा आलिंगन करने पर भी ऑक्सीटोसिन प्रवाहित नहीं होता। इसके विपरीत ऐसा करने पर हमारे तनाव का स्तर बढ़ जाता है। उन्होंने कहा कि 'किस' करना अच्छा है पर कौन कितनी देर तक करता है इसका ऑक्सीटोसिन पर कोई प्रभाव नहीं पड़ता। प्रभाव सिर्फ इस दौरान एक–दूसरे पर विश्वास से होता है।

इसलिए स्वाभाविक, प्राकृतिक तथा आपसी विश्वास और सहमति पर आधारित रिश्ते ही रंग लाते है। रूपर्ट ब्रक ने तो यहाँ तक कहा है कि 'एक चुम्बन दिल को दोबारा जवान कर देता है और बढ़ती उम्र को पीछे धकेलता है।' प्यार में इसका भी अपना महत्व है।

जीवन साथी को लेकर पसन्द

प्रत्येक इन्सान का सपना होता है कि उसे ऐसा जीवन साथी मिले जिस पर वह गर्व महसूस करे, जो उसका पूरा सम्मान करे और जो उसकी चाहत की कसौटी पर खरा उतर सके। यहाँ यह बात विशेष रूप से उल्लेखनीय है कि पुरूष प्रधान समाज होने के कारण लड़कों को जीवन साथी को लेकर ज्यादा चिन्ता नहीं होती लेकिन लड़कियों को इस सन्दर्भ में काफी चिन्ता होती है। इस तथ्य का पता हमें अपने कॉलेज जीवन, व्यक्तिगत अनुभव और जगह–जगह रहने वाली महिलाओं से बातचीत करके चला। जीवन साथी को लेकर ज्यादातर महिलाओं की पसन्द एक समान ही होती है। इसका वर्णन हम नीचे कर हैं रहे जो इस प्रकार है–

- महिलाएं ऐसे लड़कों को अपने जीवन साथी के तौर पर पसन्द करती हैं। जो आत्मनिर्भर हो, न कि अपने घरवालों निर्भर हो।
- महिलाएं ज्यादातर ऐसा जीवन साथी चाहती है जो उन्हें पूरा प्यार करने के साथ–साथ बराबर सम्मान भी दे। वास्तव में सम्मान और प्यार एक दूसरे के अभाव में अधूरे है।
- महिलाएं ऐसा जीवन साथी चाहती है जो घर की परिस्थितियों को देखकर खर्च करे। जो कम से कम जरूरी खर्च करने में तो कंजूसी न करता हो।

- महिलाएं चाहती है कि उनका जीवन साथी उनसे ज्यादा पढ़ा–लिखा, हो समझदार हो, ताकि हर स्थिति को बेहतर ढंग से समझकर निर्णय ले सके। क्योंकि बात–बात पर दूसरों से राय लेने वाले लोग अपना और अपने बच्चों का भला नहीं कर सकते।
- हर लड़की चाहती है कि उसके हमसफर की अपनी एक सोच होनी चाहिए अर्थात् वह परिपक्व होना चाहिए।
- ज्यादातर लड़कियां चाहती हैं कि उनका जीवन साथी ऐसा होना चाहिए जो अपने आपको पति मानने के अलावा खुद को पत्नी का बेहतर दोस्त भी साबित कर सके। वह ऐसा होना चाहिए जो अपनी पत्नी के सभी दुख–दर्द सांझा करने की कोशिश करें।
- महिलाएं ऐसा जीवन साथी चाहती है, जो उन्हें प्रोत्साहित करे और उनकी उपलब्धियों पर खुशी मनाए।
- लड़कियां ऐसा जीवन साथी चाहती हैं जो उनके वजूद को स्वीकारता हो, उनके महत्व को समझता हो और जो महिलाओं को भोग विलास की वस्तु न समझता हो।
- महिलाए ऐसे लड़कों को अपने हम सफर के तौर पर देखना चाहती है जो उन पर हाथ उठाना उनके सम्मान के विरूद्ध समझता हो और समानता आधारित जीवन को वरियता देता हो। क्योंकि जहां पति–पत्नी के बीच बराबरी और सम्मान होगा वही रिश्ता सन्तुलन में रहेगा।
- महिलाएं ऐसा जीवन साथी नहीं चाहती जो केवल अपनी शर्तो पर ही शादी–शुदा जीवन की गाड़ी चलाने की चाहत

रखता हो। बल्कि वे चाहती है जीवन साथी ऐसा होना चाहिए जो परस्पर तालमेल, प्यार, स्नेह और साहनुभूति के साथ जीवन जीने के लिए तैयार हो।

लड़कों को चाहिए कि वे अपने जीवन साथी को वरियता दे और अपने निर्णयों में अपने जीवन साथी की भी राय ले तथा समानता आधारित दृष्टिकोण अपनाए। क्योंकि महिलाओं के बारे में गलत राय रखने वाले, तुच्छ समझने वाले अपने घर को चलाने में कभी भी समर्थ नहीं हो सकते। ऐसे पतियों की हमेशा ही अपनी पत्नियों से तकरार बनी रहती है और प्यार गायब हो जाता है। हिंसक प्रवृत्ति के लड़के जो अपनी पत्नी को बात–बात पर पीटते है। बिना सोचे–समझे, घरवालों के उकसाने पर अपनी पत्नी को पीटने पर उतारू रहते है। ऐसे लड़कों को लड़कियां पसन्द नहीं करती।

जीव–जन्तु से लेकर पशु–पक्षी तक सभी को सम्मान, प्यार–दुलार की जरूरत होती है फिर स्त्री के साथ ही ऐसी क्रूरता क्यों? हमें चाहिए कि हम अपने सार्वजनिक जीवन तथा निजी जीवन में महिलाओं का सम्मान करे और अपने साथी को बहुत प्यार, इज़्जत और खुशी दे साथ ही अपने परिवार के अन्य सदस्यों को भी। तभी हमारा जीवन सार्थक माना जाएगा।

ऑनर किलिंग आखिर क्यों?

जमाना बदल गया। हर क्षेत्र में तरक्की हुई। युवाओं ने देश को बदलने और उसके विकास में वृद्धि लाने में महत्वपूर्ण भूमिका निभाने का प्रण लिया है। आज का किसान भी आधुनिक तकनीक का इस्तेमाल करता है, कृषि कॉल सेन्टर पर कृषि विशेषज्ञों से बात करके अपनी समस्याओं का समाधान ढूढ़ता है। लेकिन प्यार को लेकर उनकी सोच में कोई बदलाव नहीं आया है। आज जो लोग प्यार का विरोध करते हैं वे मानते हैं कि प्यार आधुनिक संस्कृति की देन है। इसलिए ही वे प्यार करने वालों की उपेक्षा करते हैं और प्यार के नाम पर उन्हें मौत देने जैसे फरमान सुना देते है। देश के कानून के तहत भी दुर्लभतम मामलों में ही मौत की सजा दी जा सकती है और दुर्लभतम मामला सिद्ध करने का अधिकार अदालत के पास है, आपके पास नहीं। फिर प्यार करने वालों को मौत की सजा किस आधार पर दी जा सकती है? अगर थोड़ी देर के लिए यह मान भी लिया जाए कि प्यार भारत में आधुनिकता का परिणाम है, तो पलक झपकते ही आपके सगे संबंधियो तक आपकी खैर–खबर की जानकारी देने वाला मोबाइल भी तो इसी आधुनिकता का परिणाम है। बड़ी–बड़ी बीमारियों का इलाज करने वाले बड़े–बड़े अस्पताल भी तो इसी आधुनिकता की उपज है, तो क्या आपकों इनका उपयोग बन्द कर देना चाहिए? जब आप प्यार को आधुनिकता की उपज मानकर उस पर पाबन्दी लगाते है और

प्यार का जोर–शोर से विरोध करते है, तो आपको इन सब आधुनिक सुख–सुविधाओं का त्याग कर देना चाहिए। जिस तरह से इन सुख–सुविधाओं का त्याग नहीं किया जा सकता उसी तरह प्यार का भी त्याग नहीं किया जा सकता। प्यार अपने आप में अतुलनीय है अर्थात प्यार की किसी भी चीज के साथ तुलना नहीं की जा सकती।

प्यार तो आँखो से शुरू होकर दिलों–दिमाग में उतरने वाला स्वाभाविक और प्राकृतिक अहसास है। जो मनुष्य को खुदा, ईश्वर या भगवान द्वारा दिया गया है न कि किसी संस्कृति का परिणाम है।

जो लोग खाप पंचायतों के दबाव में, समाज के डर से या फिर अपने अहम के चलते अपने युवा बच्चों को उनके प्रेमी या प्रेमिकाओं से दूरी बनाने के लिए बाध्य करते है और उन पर उनके प्यार के विरूद्ध अपनी पसन्द का इन्सान थोप देते है। ऐसे में युवा बच्चों के मन में माता–पिता के विरूद्ध कुंठा और नफरत के भाव भी पैदा हो सकते है। कम से कम माता–पिता को अपने युवा बच्चों की पसन्द पर विचार तो करना चाहिए, उनकी पसन्द की जांच पडताल तो करनी चाहिए क्योंकि सम्भव है कि आपके युवा बच्चे ने एक बेहतर साथी चुना हो। जब जबरदस्ती थोपे गये रिश्ते को युवा बच्चे ढोने को मजबूर होते है लेकिन माता–पिता यह जानकर खुश होते है कि उन्होने अच्छा काम किया है लेकिन जब बहु–बेटे आपको खाना नहीं देते, आपकी कद्र नहीं करते, आपका ख्याल नहीं करते, आपको अपने घर में नहीं रहने देते। तब वही समाज जिसके डर से,

जिसकी शर्म से बचने के लिए आपने अपने युवा बच्चों पर उनके प्यार के विरूद्ध अन्य इन्सान थोप दिया था, आपको ताने देता है। आपको यह कह कहकर आपका जीना हराम करता है कि आपकी औलाद बिगडी हुई निकली, जो आपको रोटी तक नहीं देती।

यह सम्भव है कि अगर आप अपने युवा बच्चे के जीवन साथी खुद चुनने के फैसले का सम्मान करते और निष्ठापूर्वक उनको मिलाने और उनकी शादी कराने का प्रयास करते तो, आपके युवा बच्चों के मन में आपके लिए प्यार और सम्मान दुगना हो' जाता। आपके बच्चे आपकों हर स्थिति में सहारा देते जबकि समाज कुछ नहीं बोलता। फिर प्यार करने वालों का विरोध या ऑनर किलिंग क्यों?

देखिए! जरा सोचिए, और गौर करिये कि जिस समाज या फिर अपने रिश्तेदारों में आपने अपने सम्मान के लिए अपने ही खून का खून कर दिया। उस समाज से आपको क्या मिला? क्या उस समाज ने या आपके किसी रिश्तेदार ने आपके परिवार से खाली हुई एक सदस्य की जगह भर दी? क्या उस समाज ने या आपके किसी रिश्तेदार ने आपके युवा बच्चे की सेलरी के स्थान पर अपनी तनख्वाह का कोई अंश आपको दे दिया? क्या उस समाज में आपकी प्रतिष्ठा बढ़ गयी? क्या समाज का हर व्यक्ति अब आपको अतिरिक्त सम्मान देने लगा? नहीं, बिल्कुल नहीं, बल्कि आप ऐसा करके उसी समाज में एक हत्यारे के रूप में जाने जाते है और वही समाज देर–सवेर कहने लगता है कि जिसने अपनी जवान औलाद को मार दिया, वह और किसी का

क्या भला करेगा? इसका मतलब तो वही हुआ कि ऑनर किलिंग के बाद आपके इस कदम की चारों ओर आलोचना होती है। इसके बावजूद ऑनर किलिंग भी न तो आपके सम्मान को बनाए रखती है और न ही इसकी पुर्नस्थापना करती है। तो फिर प्यार के लिए अपने युवा बच्चो को मृत्युदण्ड क्यों? जो माता–पिता अपने बच्चों को इसलिए बुरी तरह से पीटते हैं, उनके साथ जानवरों सा व्यवहार करते हैं क्योंकि उनके युवा बच्चे किसी से प्यार करते हैं। प्यार करने वालों के साथ ऐसा अमानवीय व्यवहार करने वाले प्यार करने को अपनी 'नाक कट' जाना समझते हैं जबकि खुद उनकी शादी तय करना अपना सम्मान और शान समझते है। युवा बच्चों की शादी से सम्बधित अपने निर्णयों को शत–प्रतिशत सही मानते हैं। लेकिन इसके बावजूद सच्चाई यह है कि उनके द्वारा तय कराई गई शादियाँ भी टूटती है, तभी तो आये दिन तलाक के मामले सामने आते है। लड़की ससुराल में कभी दहेज के लिए पिटती है, तो कभी किसी छोटी मोटी गलती पर। कभी पति पीटता है, तो कभी सास–नन्द। तो कभी बच्चे न पैदा होने पर, तो कभी परिवार की इच्छा के विपरीत लिंग का बच्चा पैदा होने पर लड़की को पिटाई झेलनी पड़ती है लेकिन माता–पिता की नाक अभी भी ऊँची है और शान बरकरार क्योंकि शादी आखिर उनकी मर्जी से हुई थी। प्रेमियों के शादी–शुदा जीवन में इस तरह के मामले सामने नही आते है और सच्चा प्रेमी कभी न तो अपनी बीवी पर हाथ उठा सकता है और न ही बर्दाश्त कर सकता है कि कोई उसकी बीवी पर हाथ उठाए या गलत कहे। लेकिन ऐसे लोग जो प्यार को और

प्यार करने वालों को गलत मानते है तथा अपनी नाक व सम्मान की दुहाई देकर अपने युवा बच्चों को मारते हैं, पीटते हैं और भावनात्मक ब्लैकमेल करते है, और तो और मौत के घाट तक उतार देते हैं। आखिर क्यों ऑनर किलिंग को अन्जाम दिया जाता है जब आपके निर्णय भी शत–प्रतिशत बेहतर भविष्य की गारन्टी नहीं देते।

कभी प्यार को चरित्रहीनता का नाम दिया जाता है, तो कभी प्यार को यौन संतुष्टि का नाम देकर अस्वीकार किया जाता है। अगर प्यार चरित्रहीनता है, तो दहेज लेना–देना, और कम दहेज मिलने पर बहु पर तरह–तरह के अत्याचार करना क्या है? क्या इसे सुचरित्रता की संज्ञा दी जा सकती है? अगर प्यार सचमुच चरित्रहीनता की निशानी है, तो क्या बच्चे के जन्म से पहले ही गर्भवती का गर्भपात कराना मानवीयता की निशानी है? अगर प्यार बदचलन है तो क्या परिवार की इच्छा के विपरीत लिंग का बच्चा पैदा होने पर बहु को मारना–पीटना या ताने देना चरित्रवानता और सभ्य आचरण की निशानी है? प्यार विरोधी लोग और खाप पंचायते ऐसे गम्भीर मामलों को रोकने के लिए क्यों आगे नहीं आती? खाप पंचायते ऐसा करने वालों का विरोध क्यों नहीं करती, क्यों नही करती उनका बहिष्कार? जब खाप पंचायते उपरोक्त समस्याओं के खिलाफ नहीं बोलती, तो प्यार या प्यार करने वालों के विरूद्ध किस अधिकार से बोलती है?

जब प्यार को यौन संतुष्टि का नाम देकर बदनाम किया जाता है, तो बलात्कार को क्या कहना चाहिए? खाप पंचायतों को ऐसी सामाजिक बुराईयों को रोकने के लिए सामने आना

चाहिए। न कि प्यार करने वालो के विरूद्ध तरह–तरह के फरमान सुनाने के लिए क्योंकि प्यार करना कोई सामाजिक बुराई नही है।

क्या ऑनर किलिंग के द्वारा प्यार के प्रफुस्टन को रोका जा सकता है? प्यार स्वाभाविक है, प्राकृतिक है। जिस तरह पानी का रास्ता नहीं रोका जा सकता, बादलों का गर्जना नहीं रोका जा सकता। आंधी का चलना नहीं रोका जा सकता और ऋतु का बदलना नहीं रोंका जा सकता उसी प्रकार युवाओं के दिल से प्यार के अंकुरण को नहीं रोका जा सकता।

बदलाव प्रकृति का नियम है और बदलते समय के साथ बदलना बुद्धिमानी है क्योंकि जब आप यह कहते है कि आपके बच्चे पढ़–लिखकर आपका नाम करेंगे। देश का नाम रोशन करेंगे, समाज को बदलेंगे, तो आप भी कही न कही बदलाव चाहते है। लेकिन रूढ़िवादिता और बदलाव साथ–साथ नहीं चल सकते। जब आपको यह विश्वास है कि आपके युवा बच्चे देश, समाज को बदल सकते है। और जब डॉक्टर, इंजीनियर, पत्रकार, आई.ए.एस तथा आई.पी.एस बन सकते हैं। वे बनते भी हैं, तो आपकी इस बात पर यकीन भी करना चाहिए कि वे अपने लिए बेहतर जीवन साथी भी चुन सकते हैं। अपने युवा बच्चों पर अपनी पसन्द और अपने विचार थोपना सरासर गलत है क्योंकि प्रत्येक इन्सान के पास सोचने–समझने के लिए अपना दिमाग है। आज का युवा दिल से नहीं दिमाग से काम लेता है क्योंकि वह अपनी जिम्मेदारी समझता है। इसलिए आप उसे अपनी राय दे सकते हैं लेकिन थोप नहीं सकते। कोई भी प्रेमी–प्रेमिका

सबसे पहले यही कोशिश करता है कि उनकी शादी एक–दूसरे के घरवालों की रजामन्दी से हो। इसलिए वह घरवालों को भी बताता है लेकिन अगर घरवाले उसे और उसके प्यार को समझने की कोशिश ही न करे, तो गलती किसकी है?

देखिये रूढ़िवादिता कभी भी बदलाव और विकास की वाहक नहीं हो सकती क्योंकि आज का युवा आधुनिक शिक्षा प्राप्त कर रहा है। वह वैज्ञानिक तरीके से सोचता है इसलिए आपको भी अपनी सोच में बदलाव लाना होगा। क्योंकि रूढ़िवादिता और बदलाव कभी भी साथ–साथ नहीं चल सकते। प्यार करना कोई बुरी बात नहीं है क्योंकि दुनियां प्यार से चलती है, हिंसा से नहीं।

अगर हम धर्म का सन्दर्भ ले, तो कोई भी धर्म प्यार करने को मना नहीं करता क्योंकि धर्म का सन्देश ही मानवता, दया, प्यार, करूणा और सच्चाई है। मूल तो धर्म है जातियों का क्या? जैसे इस्लाम धर्म कहता है कि शादी करने के लिए इन्सान का कलमे का शरीक होना जरूरी है। इस्लाम जातिवाद का समर्थन नहीं करता लेकिन फिर भी मुस्लिम लोग एक जाति से दूसरी जाति में शादी क्यों नहीं कर सकते? क्यों एक धर्म होने के बावजूद अलग–अलग जाति में प्यार करने का विरोध होता है? क्या कोई जाति किसी धर्म से ऊपर हो सकती है?

जब कोई धर्म प्यार करने को बुरा नहीं मानता, जातिवाद का समर्थन नहीं करता, तो फिर आप क्यो? क्या आप धर्म से भी बढ़कर हो गये? क्या आपके मूल्यों और अहं के आगे धर्म के कोई मायने नहीं हैं?

जहां तक बात है, हमारे समाज में शादी के लिए रिश्ता तय करने की तो वह प्रक्रिया भी दोषमुक्त नहीं है क्योंकि रिश्ता तय कराने में बिचौलियां की हमारे समाज में महत्वपूर्ण भूमिका होती है। जबकि सच्चाई यह है कि बिचौलिया बहुत से तथ्य छुपाता है या उसे उस व्यक्ति तथा उसके परिवार के बारे में वास्तविकता मालूम नहीं होती। लेकिन माता–पिता के करीबी होने के कारण माता–पिता उस पर यकीन कर लेते है। सवाल यह है कि जो व्यक्ति किसी के व्यवहार के बारे में सही ढंग से या बिल्कुल भी नहीं जानता, तो वह उसके भविष्य का फैसला कैसे कर सकता है? भारतीय समाज में बिचौलिया दोनों परिवारों में दावत खाने और क्रेडिट लेने लिए रिश्ते करवाते फिरते है। जबकि वे जिस व्यक्ति विशेष की शादी करवाने के लिए आते है, उसे ढ़ंग से जानते तक नहीं। वैसे परिवार अच्छा है या नहीं यह जानना भी अच्छा है लेकिन उसे बेहतर ढंग से जानना जरूरी है, जिसे आप किसी का जीवन साथी बनाने जा रहे है।

भारतीय समाज में शादी तय कराने में यहां तक कि दहेज लेना देना तय करने में महत्वपूर्ण भूमिका बिचौलिया की होती है। अगर शादी ठीक–ठाक चले तो बिचौलिया की वाहवाही और तनाव पूर्ण रहे तो बिचौलिया को कोई फर्क नहीं पड़ता। लेकिन प्यार वाले रिश्तों में ऐसे तथ्य छुपे हुए नहीं रहते क्योंकि प्रेमी और प्रेमिका एक दूसरे को बेहतर ढंग से व्यवहारिक रूप से जानते है। यही बात सबसे ज्यादा महत्वपूर्ण है। प्यार वाले रिश्तों में दहेज या कम–ज्यादा दहेज की बात तो उठती ही नहीं है। लेकिन समाज में बिचौलिया का इतना ज्यादा प्रभाव क्यों है?

जब आप अपने युवा बच्चों पर ही यकीन नहीं कर सकते तो अपने करीबी (बिचौलिया) पर यकीन कैसे कर सकते है?

कुछ जातियों में तो यह परम्परा जन्म ले चुकी है कि शादी कराने पर बिचौलिया को लाखों का इनाम मिलता है। इसलिए ऐसी जातियाँ के लोग किसी अन्य जाति में प्यार करके शादी करने का घोर विरोध करते हैं क्योंकि वे जानते हैं कि अगर ऐसे शादी हो गई तो उनका लाखों का इनाम मर जाएगा। ऐसे लोगों के कारण ही प्यार करने वालों को ऑनर किलिंग का शिकार होना पड़ता है क्योंकि बिचौलिया माता–पिताओं के दिमागों में नये नये तथा रूढ़िवादी तर्क पेश करके, उन्हें उनके युवा बच्चों के विरूद्ध कर देते है। ऐसी जातियों में ज्यादातर सभी की मानसिकता एक समान होती है तभी तो वे प्यार करने वालों का विरोध करते है। जबकि यह कार्य (शादी करवाना) शबाब या पुण्य के लिए किया जाता है लेकिन लोग आज यही कार्य अपने निहित स्वार्थों की पूर्ति के लिये करने लगे है। अगर माता पिता अपने युवा बच्चों की पसन्द पर विचार करें, तो दहेज पर भी रोक लग सकती है और जो धनराशि बिचौलिया को इनाम के रूप में दी जाती है अगर वह किसी गरीब या बेसहारा के उत्थान के लिये दी जाये तो आपको शबाव या पुण्य मिलेगा। जबकि ऑनर किलिंग पाप कमाने के अलावा और कुछ नहीं दे सकती। ऑनर किलिंग तो प्रकृति, इन्सानियत, धर्म और कानून के खिलाफ है क्योंकि जिस प्रेमी या प्रेमिका को प्यार करने के कारण जान से मार दिया जाता है। बेशक वह आपकी ही औलाद है लेकिन इसका मतलब यह नहीं है कि उसे ज़िन्दगी

आपने दी है या उसे सांसे आपने दी है। इसलिए उनकी जीवन लीला समाप्त करने का आपको कोई अधिकार नहीं है क्योंकि जब आप किसी को ज़िन्दगी दे नहीं सकते, तो किसी की ज़िन्दगी लेने का आपको क्या हक है? लेकिन अगर आप फिर भी अपना इतना अधिकार समझते है तो किसी मरते को बचा क्यों नही सकते? गर्भ में ही मर जाने वाले बच्चे के जीवन के लिए कुछ कर क्यों नही सकते? इन्सान इंसान है, वह खुदा नहीं बन सकता और प्यार स्वाभाविक है उसे किसी जोरं, दबाव धमकी या मौत देकर रोका नहीं जा सकता।

देश भक्ति, ईश्वर भक्ति, गुरूभक्ति तथा माता पिता के प्रति भक्ति या किसी के प्रति दिवानगी यह सब कहाँ से आती है? सबका आधार सिर्फ प्यार है। अल्बर्ट आइन्स्टीन के अनुसार "लोगों को प्यार हो जाने के लिए गुरूत्वाकर्षक जिम्मेदार नहीं है।" बल्कि इसके लिए अपनापन, और स्वयं प्यार जिम्मेदार है। इसलिए ऑनर किलिंग को किसी भी आधार पर स्वीकार नहीं किया जा सकता। ऑनर किलिंग तो देश के संविधान और कानून के खिलाफ है क्योंकि देश के संविधान का अनुच्छेद 21 प्रत्येक व्यक्ति को जीवन जीने का अधिकार देता है। तो फिर आप कौन होते हैं किसी! के जीने के अधिकार को छीनने वाले? क्योंकि आपके निर्णय या आदेश देश के संविधान या कानून से बड़े नहीं हो सकते। ऑनर किलिंग प्यार को रोकने का एक अमानवीय और असभ्य तरीका है क्योंकि किसी का सम्मान किसी की ज़िन्दगी से बढ़कर नहीं होता। वैसे भी ऑनर किलिंग के बाद आपके सम्मान की पुर्नस्थापना नहीं होती। फिर ऑनर किलिंग क्यों?

प्यार ही जीवन का सार है क्योंकि व्यक्ति को जन्म से लेकर मृत्यु तक प्यार, स्नेह और साहनुभूति की जरूरत होती है। प्यार एक ऐसा अहसास है जिसके जन्म को रोका नहीं जा सकता। प्रत्येक व्यक्ति का जीवन प्यार पर निर्भर करता है। सबसे बड़ी बात यह है कि आज जमाना भी बदल गया है जहां हाई–फाई टेक्नोलॉजी विद्यमान है, जो हमारी दूरियों को कम करती है और प्यार को बढ़ाने का काम करती है। आज भारत शिक्षित हो रहा है और शिक्षित तथा वैज्ञानिक सोच रूढ़ियों को नहीं ढ़ोह सकती क्योंकि वैज्ञानिक सोच वाला व्यक्ति तार्किक आधार पर सोचता है। जात–पात में वह यकीन नहीं करता है। जरूरत इस बात की है, सभी को साथ लेकर चला जाए क्योंकि प्यार को या प्यार करने वालों को ऑनर किलिंग प्यार करने से नहीं रोक सकती।

एक अलग दास्तान

प्यार बच्चों से लेकर बूढ़ों तक सभी की जरूरत है क्योंकि प्यार से ही जीने की इच्छा पनपती है। शादी–शुदा जीवन भी प्यार के बल बूते ही सफलता पा सकता है वरना रिश्ते खराब होते देर नहीं लगती।

जो लोग सोचते है कि प्यार जबरदस्ती या किसी के आगे पीछे घूम कर हो सकता है। वे गलत सोचते हैं क्योंकि प्यार स्वाभाविक है। किसी पर जोर दबाव डालकर प्यार कराया नहीं जा सकता। क्योंकि प्यार बिना ईमानदारी, समर्पण, त्याग, दयाभाव, सम्मान और स्पष्टता के हो ही नहीं सकता। अगर आप किसी से प्यार करते हैं, तो उसी को ही प्यार करें, खूब करें, बेशुमार करे। पूरी ईमानदारी, वफादारी और समर्पण के साथ करें क्योंकि झूठ और धोखेबाजी से आप प्यार नहीं पा सकते। साथ–ही–साथ आप ज़िन्दगी बिता सकते है, जी नहीं सकते। चाहे ज़िन्दगी कितनी भी छोटी क्यों न हो पर शांति और प्यार से गुलजार होनी चाहिए क्योंकि जो चैन और खुशी सच्चे प्यार से मिलती है, वह किसी ओर चीज से मिल नहीं सकती। अगर प्यार है, तो ज़िन्दगी है और अगर ज़िन्दगी है, तो प्यार उसने अवश्य होना चाहिए।

भारत के स्विट्जरलैंड कहलाने वाले जम्मू कश्मीर में, जो अब कभी भी सुलग उठता है, प्यार की एक अद्वितीय दास्तान

है। दुनिया भर में ऐसा उदाहरण मिलना मुश्किल है, इसे जम्मू में "लाडा–लाडी" के वाक्या के रूप में जाना जाता है।

उधमयुर के दूर–दराज इलाके में जिसे टिकरी के नाम से जाना जाता है। एक आम लड़की की शादी की तैयारी चल रही थी। तैयारियों के बाद लड़की के दरवाजे पर बारात आ पहुंची और पारम्परिक रस्मों-रिवाज के बीच दुल्हन डोली में बैठकर विदा हो गई। कहारों के कंधों पर डोली पहाड़ के ऊबड–खाबड़ रास्तों पर चढ़ने लगी। रास्ता लम्बा भी था और मुश्किल भी। डोली में बैठी दुल्हन 'लाड़ी' को प्यास लगने लगी उसने कहारों से कहा कि वे उसके दुल्हे यानी 'लाडे' को कहे कि उसे प्यास लगी है। जब कहारों ने यह बात दुल्हे को बतायी तो, दुल्हे ने पानी पिलाने में असर्मथता जताई।

समय गुजरता जा रहा था लाडी यानी दुल्हन की प्यास बढ़ती जा रही थी। ऐसी दशा में उसका दुल्हा सभी कहारों को अलग–अलग दिशा में पानी खोजने के लिए भेजता है। एक जगह पानी दिखाई भी दिया तो वहां तक पहुंचना बहुत मुश्किल था। लाडे ने वहाँ जाने से मना कर दिया और इधर लाडी की प्यास के कारण हालत लगातार बिगड रही थी और वह बेहोशी की हद तक पहुंच गई लेकिन दुल्हा पानी लेने नहीं गया बल्कि कहारो के आगे शर्त रखी कि जो लाडी के लिए पानी लाएगा, लाडी उसी की हो जाएगी। यह सुनकर दुल्हन पूरी तरह हैरान हो गई। दुल्हन को पाने के लालच में एक कहार उस दुर्गम पहाडी चश्मे (एक तरह का तालाब) से पानी लाने के लिए तैयार हो गया।

रास्ता बहुत ज्यादा मुश्किल था। जैसे–तैसे कहार पानी तो ले आया और दुल्हन को भी पिला दिया लेकिन पानी पिलाते ही हॉफ्ते हुए कहार की थकान के कारण मौत हो गई। इस पर अब दुल्हन ने घोषणा की कि मैं उस इन्सान के साथ कैसे जा सकती हूँ जिसने पानी के लिए मुझे बेच दिया। शर्त के मुताबिक मेरा लाडा तो वह है, जो मेरे लिए पानी लाया पर उसके मर जाने पर अब मै बिधवा हो गई हूँ। इतना कहकर दुल्हन ने भी अपनी जान दे दी। इसलिए आज भी टिकरी में वह स्थान 'लाड़ा–लाडी दा टक' के रूप ये जाना जाता है।

इसी तरह कश्मीर की एक और कहानी है, जो 'हब्बा खातून' से सम्बधित है। इन कहानियों में उस वक्त के लोगो के नाम बेशक अजीब हो लेकिन कहानियां सच्ची है।

कश्मीर के एक छोटे से गाँव में जन्मी जून बहुत खूबसूरत लड़की थी। उसने गांव के ही एक मौलवी से पढ़ना लिखना सीखा था और उसकी साहित्य में बहुत दिलचस्पी थी। वह छोटी सी ही उम्र में अच्छी शायरी करने लगी थी और जल्दी ही एक कवयित्री बन गई। जून की शादी एक साधारण से परिवार में कर दी गई। जून का पति अनपढ़ था, जो जून की साहित्य की कला को नहीं समझता था इसलिए वह अपने पति से उदास रहने लगी। इसी कशमकश में एक दिन जून पहाड़ियो पर अपनी शायरी गुनगुना रही थी तभी वहां से जफर शांह नामक युवक गुजरा जो जून की शायरी पर मुग्ध हो गया, फिदा हो गया। उसने सभी की रजामंदी से जून के पति से जून का तलाक कराया और उसे अपनी बेगम हब्बा खातून बनाया।

जफर शाहं कश्मीर का राजा बना और हब्बा की शायरी के चर्चे दूर–दूर तक फैल गये। सन 1579 में मुगल बादशाह अकबर ने जफरशाह को दिल्ली बुलवाया, तब से जफर शाह अपनी बेगम हब्बा खातून के पास कभी नहीं लौटा। अगर हब्बा के पास गई तो सिर्फ जफरशाहं के कत्ल की खबर। बदहवास हब्बा विरह की शायरी में डूब गई उसे अपने कपड़ों तक का भी ध्यान नहीं रहा।

इसी तरह चम्बा की पहाडियों में पैदा हुए कुंजू और चैंचंलो की भी एक अपनी दास्तान है, जो सच्चे प्यार के प्रति उनके समर्पण को दर्शाती है।

कुंजू राजा की फौज में एक सिपाही था जबकि चैचंलो रानी की दासी। समय बीतने के साथ–साथ दोनों में प्यार बढ़ने लगा। इस बात का पता जब महल के एक नौकर को चला तो, उसने दोनों के प्यार करने की शिकायत राजा से कर दी। राजा ने गुस्सा होकर कुंजू को लड़ाई के मोर्चे पर भेज दिया और षड़यंत्र करके उसे मरवा दिया। इधर चैचंलो कुंजू की याद में आंसू बहाने लगी। कुंजू की हत्या की खबर सुनते ही चैचंलो ने भी आत्महत्या कर ली।

इन प्यार करने वाले जोड़ों के अलावा हीर–रांझा, लैला–मजनू शीरी–फरहाद और रोमियो–जूलियट से तो सभी रूबरू है ही, लेकिन इन सभी में एक खास बात थी और वह थी, अपने प्यार के प्रति ईमानदारी, समर्पण, त्याग और दिवानगी। यही वे गुण होते है, जो प्यार को बढ़ाते है, मजबूत करते है और सच्चे प्यार का निर्माण करते है। इन्ही गुणों के बलबूते सच्चा प्यार पाया जा सकता है।